D1844259

Hans Peter Bleuel

Raffiniertes aus einem Topf

Auflauf · Gratin · Eintopf · Ragout
in bester Gesellschaft

fotografiert von Edith Gerlach

Hädecke

Inhalt

Wir danken den Firmen Spring, Silit und Küchenprofi A. Schmitz für die freundliche Unterstützung bei der Beschaffung der Kochgeschirre für die Farbaufnahmen dieses Buches.

Kochen für Freunde

J*emanden einladen, heißt für sein Glück sorgen, solange er unter unserem Dache weilt.* Den Freunden guter Küche und behaglichen Genießens in geselliger Runde leuchtet diese Maxime sofort ein. Sie ist der geheime Prüfstein, an dem sich scheidet, ob sie eine Einladung pflichtgemäß, erwartungsvoll oder begeistert beantworten. Denn für sie ist kaum ein anderes Vergnügen der Vorfreude vergleichbar, mit der sie einem frischen Imbiß, einem deftigen Essen oder einem festlichen Menü unter gesprächsfrohen Freunden entgegensehen – als Gäste oder Gastgeber.

Und neu ist diese Einsicht auch nicht, die so gut zu Dale Carnegies nützlichen Ratschlägen paßt, „wie man Freunde gewinnt". Sie ist die Summe der Prinzipien, die Jean Anthelme Brillat-Savarin 1826 seiner „Physiologie des Geschmacks" voranstellte. Der Hohe Richter wußte wohl, wovon er sprach, denn er hatte sich über die Fährnisse der Revolution hinweg an den Cassationshöfen bewährt und dies nicht zuletzt seinem Studium der Tafelgenüsse und seinem Talent als gewandter Causeur in den Salons des Präsidenten de Sèze und der Madame Récamier zu danken.

Die Feinschmeckerei ist eine der stärksten gesellschaftlichen Bande; sie breitet täglich jenen geselligen Geist aus, der die verschiedenen Stände vereinigt, sie miteinander verschmilzt, die Unterhaltung belebt und die Ecken der Ungleichheit abschleift.

Doch Brillat-Savarin war nicht nur ein weiser Genießer – *Die Fresser und Säufer wissen nicht, was essen und trinken heißt!* –, sondern auch ein fürsorglicher Praktiker der Küchenkunst: *Wer seine Freunde empfängt, ohne selbst für das ihnen bereitete Mahl Sorge zu tragen, verdient nicht, Freunde zu haben.* Monsieur le Juge kannte die Märkte und die guten Adressen, verglich die Waren und die Preise, und scheute sich auch nicht, am Herde zu stehen.

Damit befand er sich in bester Tradition und königlicher Gesellschaft, denn schon seit dem 17. Jahrhundert war die Kochkunst in Frankreich hoffähig geworden – und zwar nicht nur durch die großen Köche in der Nachfolge des Pierre de la Varenne. Herzog Philipp von Orléans befehligte selbst die Küchenbrigade für seine „Fêtes d'Adam", Madame Pompadour agierte als chef de cuisine für Louis XV. und seine Freunde, der flugs selbst neue Gerichte erfand; und kaum war das Régime restauriert, stand Louis XVIII. mit seinem herzoglichen Haushofmeister Escars schon wieder in der Küche und ließ die Minister warten: „Monsieur n'est pas visible, il compose."

Und das ist es denn wohl auch: Wer über den Genuß der Küchenkünste einmal das feine Handwerk des Kochens und eigener Variationen und Kreationen entdeckt hat, den läßt das nicht mehr los, das will er teilen mit Freunden und Freundinnen. Diese Ambition überdauert Scheidungen so gut wie Revolutionen und findet allezeit ihre Klientel – Freunde eben.

Der Advokat, Kaufmann, Theaterkritiker, Schriftsteller und Gutsherr Alexandre Balthazar Laurent Grimod (III.) de la Reynière (1758–1837) gibt dafür ein wunderbares Beispiel.
Seine Eheverhältnisse habe ich nicht überprüft, aber angesichts seiner vielseitigen Berufe und der wechselhaften Zeitläufte sind Beständigkeit und Erfolg seines Lebensthemas überwältigend. Den Ruf als Feinschmecker hatte sich Grimod durch seine „déjeuners philosophiques" mit Adligen und Literaten schon vor der Revolution erworben – die Aufklärung war in Frankreich von Rabelais über Montesquieu bis Diderot immer sympathisch genußfreudig und nur mäßig pflichtbewußt. Die neue bürgerliche Gesellschaft war es nach der wüsten Etappe der Großen Revolution auch – und wie! Grimod erreichte mit seinem „Almanac des gourmands", der ersten Zeitschrift für Schöner Essen und Trinken, 1803 schon 22000 Abonnenten und veröffentlichte daneben und in der Folge noch vier weitere Journale zur feinen Lebensart – mit Einkaufsempfehlungen, feinen Rezepten und eigenen kulinarischen Erfindungen. 1819 erschienen seine „Grundzüge des gastronomischen Anstands" mit einem Küchenkalender für das ganze Jahr.
Alles im Leben beruht auf Gegenseitigkeit. Die Gesellschaft erhält sich nicht zuletzt durch eine Kette von wechselseitigen Pflichten, die den Untergebenen mit dem Vorgesetzten, den Wohltäter mit dem Schuldner, den Gastgeber mit dem Gaste verbinden. Infolge dieser Verkettung erhält sich der Gesellschaftskörper ohne besondere Anstrengung und findet jeder sich in einen Kreis von Verpflichtungen eingeschlossen, den zu verlassen gefährlich sein würde.
Unverkennbar: Monsieur Grimod besaß eine reiche Lebenserfahrung und hatte während seiner gastronomischen Studien die Menschen einzuschätzen gelernt. Es reicht freilich nicht, meint er, viel Geld zu haben, einen guten Koch und eine offene Tafel, um ein wahrer Gastgeber zu sein. Dazu gehöre ein wenig mehr als Geld: *Geschmack, angeborener Sinn für das Wohlleben, Neigung zum Prunke, Ordnungsliebe, anmutiges Benehmen, liebenswürdiger Charakter und angenehmer Witz.*

Dem können wir gerne beipflichten, denn auch bei der Pflege nützlicher Freundschaften „auf Gegenseitigkeit" ist der Stil entscheidend – zumal wenn es sich um gemeinsame Tafelfreuden handelt. Die überbrücken eben Distanzen – gegenüber Kollegen, denen man immer wieder eine Einladung zugesagt hatte, gegenüber Nachbarn, denen man sie immer wieder über den Zaun versprochen hatte, gegenüber Bekannten, auf deren Partys man zweimal zuviel gefehlt hatte, gegenüber Jugendfreunden, die man 20 Jahre nicht gesehen hatte. Essen und Trinken verbindet über manche Grenzen von Zeit und Raum durch den Augenblick des Erlebens. Brillat-Savarin hat das mit leiser Elegie in einen Aphorismus gekleidet:
Das Vergnügen der Tafel gehört jedem Alter, allen Ständen, allen Ländern und allen Tagen an; es verträgt sich mit allen anderen Vergnügungen und bleibt bis ans Ende, nur um uns über den Verlust der übrigen zu trösten.
Man sieht: Der Erfolg hängt nicht allein vom Gastgeber ab – auch der Gast muß sich der Freude fähig zeigen, und dafür gibt es Mindestbedingungen. *Sage mir, was du ißt, und ich sage dir, was du bist.* Diesem Auswahl-Kriterium Brillat-Savarins kann man nicht immer folgen, auch gute Freunde haben oft einen verblüffenden Geschmack. *Ein Gast von guter Lebensart bringt nie einen Hund mit.* Ich neige dazu, Grimod zu folgen. Einig sind sich die großen Gastrosophen, daß Bescheidenheit und Mäßigung den wirklichen Feinschmecker ziere. *Der gebildete Mensch allein ißt mit Bewußtsein,* behauptet Brillat-Savarin, und Grimod sekundiert, daß *ein gut erzogener Mensch von allem Gebrauch zu machen weiß, ohne mit etwas Mißbrauch zu treiben.*
Mit der Lust zur Askese freilich hat solche Zurückhaltung wenig zu tun. Sie entspringt eher der Einsicht, daß die menschliche Aufnahmefähigkeit begrenzt ist und man das Maß der Genüsse am ehesten steigern kann, wenn man sie weise verteilt. Ein leises Bedauern schwingt in Grimods Feststellung mit: *Ein wirklicher Feinschmecker speist täglich nur einmal wirklich: unsere Natur ist ja leider von solcher Gebrechlichkeit, daß man sich in sehr mannigfacher Hinsicht*

auf die Einheit beschränken muß, wenn man der Zeit seiner Genüsse eine lange Dauer sichern will.

Geben wir es also ruhig zu. Die meisten Feinschmecker würden schon gerne mehr vom Feinen nehmen; aber weil sie ziemlich vernünftige Menschen sind, halten sie sich zurück. Man sollte daran denken, wenn man für Freunde kocht. In solcher Runde blickt man öfter einmal über den Tellerrand hinaus zum Topf, und der sollte dann so gefüllt sein, daß sie nicht ohne Not ihren Appetit zügeln müssen – es sei denn im Hinblick auf den nächsten Gang.

Kochen für Freunde: Dabei spielt man immer auch ein bißchen Glücksfee, Glücksverheißung – und bereitet sich selber Freude. Drei Grundregeln freilich sind zu beachten:

1. Tun Sie es nur, wenn Sie Lust dazu und Spaß daran haben.
Das Essen wird nicht gelingen und das Speisen so trübselig sein wie die Gäste, wenn der Gastgeber nicht mit Elan in der Küche und mit Begeisterung unter seinen Gästen ist.

2. Übernehmen Sie sich nicht.
Auch ein Küchenprofi braucht seine eingespielte Garde, wenn er fünf oder sieben Gänge perfekt auf die Tafel setzen will. Sie aber sind nicht Gastronom, sondern Gastgeber, und ihre Freunde erwarten Sie bei Tisch und zum Gespräch. Das ist es ja, was einem viele gutgemeinte Einladungen so leidig macht: Man muß in die Küche gehen, um der tüchtigen Hausfrau zu danken, und hat ein schlechtes Gewissen, weil Koch oder Köchin so gestreßt sind. Weniger ist also mehr. Nur gut muß es sein, lecker schmecken.

3. Keine Experimente.
Sie können Ihren Gästen zwar strahlend sagen: Das habe ich zum erstenmal gekocht. Aber eine feine Lüge muß es sein, denn natürlich haben Sie die Zubereitung an sich schon früher ausprobiert und sind des Gelingens sicher. Freunde sind keine Versuchskarnickel, und ein kochender Gastgeber weiß und plant, welche Vorbereitung und Verfahrensschritte ein Gericht und ein Menü verlangen, damit es scheinbar mit leichter Hand und mühelos auf den Tisch gelangt.

Das ist – meine Grundregel Nummer Vier – schon ein Gebot der Selbstsucht. Denn ich will meine Freunde fröhlich begrüßen, plaudernd den Aperitif mit ihnen genießen, auf ihr leises Drängen – „aber natürlich!" – zu Tische bitten, an dem die recht temperierten Getränke bereitstehen und die Vorspeisen erscheinen; ich möchte nur kurz verschwinden, um den Topf vom Herd und die Platte aus dem Ofen zu holen und meinen Gästen aufzutragen (in sichtbarer Bescheidenheit und stiller Spannung); ich will mich an ihrer Freude freuen und mit ihnen genießen bis zu Obst und Käse; und wenn es wirklich gut war, dann bleiben wir bei einigen Flaschen Wein noch Stunden am selben Tische sitzen, indes die Gespräche hurtig weiterfließen; und wir freuen und ärgern uns miteinander – vor allem über andere und die unseligen Verhältnisse – und es ist ein wunderschöner Abend gewesen, und wie seltsam, daß es schon so spät ist! Und, ja doch, wir haben uns beschenkt und ein paar Momente des Glücks miteinander geteilt.
Das Taxi wartet, und irgendwann werden wir uns wiedersehen, zum Kochen für Freunde, zum Essen mit Freunden, und wissen gar nicht, wie viele wir haben könnten. Aber es ist ein schöner Gedanke.

Ein Topf mit Stil

Die verzagte Hausfrau kann aufatmen, der gestreßte Küchenamateur darf das Seziermesser aus der Hand legen. Die kulinarischen Auguren der Hochglanzmagazine haben das Lob der Einfachheit entdeckt, die Hohenpriester der Küchenliteratur wenden sich mit sanftem Tadel gegen das Verfeinerungsübermaß und die geschmacksbleichen Kreationen ästhetisierender Lukullus-Epigonen mit ihren ziselierten Winzigkeiten. Die Großmeister der Kochkunst gestehen ihre stille Liebe zu den schlichten Genüssen, zu Mutterns Töpfen und den Gerichten des Landes; ihre weniger begabten Zauberlehrlinge können darauf verzichten, ihre Gäste unter bombastischen Ankündigungen mit schwachen Kleinigkeiten zu enttäuschen. Man kann mit kleinem Understatement sogar eine Potage Saint-Germain wieder Feine Erbsensuppe nennen, eine Coda alla vaccinara Ochsenschwanzragout, und eine Moussaka auf die Karte setzen, ohne sich mit preziösen Zusätzen für die Einfalt des Angebotes zu entschuldigen.

Nein, kein Wort gegen die Nouvelle und die Haute Cuisine! Wir wollen ihre Köstlichkeit und Kunstfertigkeit auch ferner genießen – an den Tafeln berufener Gastronomen, die solch hohen Ansprüchen gewachsen sind und nicht nötig haben, unseren kritischen Geschmackssinn mit hohlen Sprüchen einzunebeln. Und wir wollen ihnen dankbar sein, daß sie uns nach Jahrzehnten des faden Kücheneinerlei, der uniformen Soßen und Mehlschwitzen, der ausgekochten Fleischspeisen und zermürbten Gemüse, der pampigen Nudelgerichte und übersüßten Desserts wieder auf den Pfad der Tugend zu den Quellen der Kochkunst geführt haben: Frische Produkte und gesunde Kost, mäßige Portionen und klare Kompositionen.

Denn eines müssen wir Hausmänner und Hausfrauen nun zugeben: Gekocht haben wir nach den ganz feinen Rezepturen selten und manche nach den ersten Mißerfolgen nie wieder. Es ist ja auch zu peinlich, wenn man dem Auge und der Zunge erkennbare Verstöße gegen den Großen Bocuse seinen Gästen mit leidigen Zufällen erklären muß und immer der Gärtner, der Fleischer, der Krämer der Mörder des guten Gelingens sein soll, weil er Falsches lieferte. Und so blieb es dann meistens bei der guten alten Hausmannskost; die Familie war's gewohnt, die Gäste waren's zufrieden und priesen das Schmackhafte.

Nur wir nicht, denn ein bißchen geschmäcklerischer wollten wir's schon haben. Und so hub das neue Zeitalter der privaten Küchenexperimente an. Auf Reisen und in besseren Restaurants holte man sich die ersten Anregungen, probierte da ein besonderes Gewürz, hier eine neue Zutat, dort ein anderes Gericht.

Das Warenangebot wurde größer. Dreierlei Paprika, Zucchini, Auberginen, Broccoli und fünferlei Salate sind heute bei jedem Händler eine Selbstverständlichkeit. An den Theken und Tischen eines heimischen Bistros und einer Enoteca, der Pasta-e-Vini-Läden erfährt man die ein-

fachen Künste des kleinen Imbisses und der raschen Gerichte. Jeder Großmarkt hält in seinen Tiefkühltruhen die leckersten Meeresfrüchte feil, jeder Wochenmarkt bietet Gemüse aus biologischem Anbau, naturbelassene Produkte und eine Vielzahl frischer Kräuter.
Auf wirtschaftsdeutsch heißt das: Der Markt reagierte. Er reagierte auf die wachsenden Ansprüche, auf das Qualitäts- und Gesundheitsbewußtsein in unseren Küchen und Familien, auf eine gehobene Geschmackskultur. Denn wohl ist wahr: Das gastronomische Niveau in unserem Land ist zwischen der Insel Sylt und dem Waginger See gewaltig gestiegen, und die kulinarischen Inspektoren von Michelin und Gault-Millau belohnen es erstaunt mit Sternen und Mützen. Aber die Kulturrevolution findet nicht im Saale statt – weder im Düsseldorfer Schiffchen noch in der Münchner Aubergine. Sie vollzieht sich, fein beharrlich, in den Küchen von Kiel und Köln, Kirchheim unter Teck und Kochel am See: in der Praxis des Alltags.

Kurzum: Wir sind auf den Geschmack gekommen. Großmutters Rezeptregister – immer noch eine Fundgrube – ist erweitert worden, denn die Regionen und die Gaumenerfahrungen sind einander näher gerückt. Mutterns sparsame Zusätze aus härterer Zeit – die freilich auch manche schwer verträgliche Üppigkeit ausstrichen – können wir durch elegantere Lösungen ergänzen. Natürlich haben da auch Moden mitgewirkt, an denen wir unseren wachsenden Wohlstand und Reisehorizont ablesen können: Italien, Spanien, Griechenland, Frankreich, Türkei, die Meere, die Inseln. Aber es tut dem Wohlklang von Lasagne oder Paella, Moussaka oder Bœuf en daube, einer Ratatouille oder Minestra, eines Bollito misto oder Poule en pot, von Fondue oder Tiramisu keinen Abbruch, wenn sie durch eine Saison Gegenstand verzückter Party-Gespräche und Reiseberichte waren. Der Praktiker fragt nur, wie man sie hier möglichst schmackhaft auf den Tisch bringt.
Dazu gehören Lust und Liebe, ein gut Teil Handwerk und Phantasie. Denn ein Topf mit Stil wird Ihnen um so besser gelingen, je mehr er von Ihren eigenen Einfällen, Ihrer eigenen Erfahrung, Ihrer Eigenart enthält. Es gibt kein klassisches Gericht und keine moderne Sterne-Kreation, die nicht in jeder Küche anders munden und das Zeichen ihres Koches tragen würde.

Mahl und Menü

Viele Jungfrauen und Jünglinge, welche der Kochkunst sich widmen wollen, bringen nicht immer eine rechte Lust und Liebe hinzu... Andere, denen eine gar zu knechtische Verehrung des Meisters eingeprägt worden, verlieren sich in unnützen Weitläufigkeiten und Pedantereyen der längst veralteten Kochmanieren und sind taub gegen alle bessere Einsicht, gegen alle fernere Entwicklung durch eigene Erfahrung und eigenes Nachdenken.

Nein, das ist offenkundig keine Anweisung für kochende Liebhaber der neuen Küche – oder doch? Die Sätze stammen aus dem Baierischen National-Kochbuch von 1824 „für herrschaftliche und bürgerliche Küchen" – und sie sind wahrhaftig nicht veraltet. Wie wir denn überhaupt von alten Küchenmeistern lernen können, die die ganz modernen Grundregeln der Kochkunst längst erfunden haben.

So schrieb Johann Rottenhöfer, Haushofmeister und Erster Mundkoch des bayerischen Königs Maximilian II. in einem der großen Kochbücher des 19. Jahrhunderts (2500 Rezepte!):

Eine weitere Vorerinnerung, die für jede Küche von der größten Wichtigkeit, ist der Einkauf der verschiedenen Produkte, auf die jeder Haushofmeister, der kluge Gastwirth wie auch jede Hausfrau ein besonderes Augenmerk richten soll, denn nichts ist für die Küche nachtheiliger als schlechte Viktualien; hier werden freilich an manchem Kilogramm einige Pfennige gespart, allein die Sache ist auch um einen großen Theil schlechter, und nur allein die Herrschaft ist dadurch im Nachtheile.

Rottenhöfer, der seine Herrschaften auf weiten Reisen nach Griechenland und Malta, Sizilien, Rom und Paris begleitete, hat auch eine „Anweisung in der feineren Kochkunst" formuliert, die in fast klassischer Manier das Prinzip für einen Topf mit Stil umreißt:

Schließlich erlaube ich mir noch, für jeden jungen Mann, der sich der Kochkunst widmet, den wohlmeinenden Rath anzuführen, sich gleich von Anfang an an strenge Ordnung, Pünktlichkeit und Sparsamkeit zu gewöhnen; denn die eigentliche Kunst liegt darin, auch aus dem Einfachsten eine schöne Speise zu Tisch zu bereiten. Ebenso muß sich der junge Koch nicht dahin ausbilden, nur in einer eleganten Küche seine Speisen bereiten zu können, sondern es muß ihm auch nach Umständen die Küche in einem Bauernhause wie der Ort in einer Gebirgshütte, ja sogar der Herd auf freiem Felde genügend sein, seine Speisen mit derselben Güte zu Tisch geben zu können.

Es ist nicht einfach, *auch aus dem Einfachsten* einen Topf mit Stil zu bereiten. Es ist *die eigentliche Kunst,* doch mit Lust und Liebe läßt sie sich erlernen, und dazu wollen wir verführen. Denn das heißt ja nicht, daß „eine schöne Speise" *immer* aus dem Einfachsten entstünde – weder nach Zutaten noch Zubereitung ist das der Fall. Wir wollen einen Topf mit Stil nicht einfach mit einem Eintopf mit Stiel verwechseln, sondern zeigen, welch schönes Mahl, welch köstliches Menü aus einem Topf entstehen können. Er ist kein schneller oder billiger Ersatz für eine Speisenfolge von sechs Gängen – er ist eine Mahlzeit *sui generis*, ganz eigener Bedeutung. Er kann Imbiß, Zwischenmahlzeit, Magenfüller, Appetitanreger oder Mitternachtsüberraschung sein oder sich bei genauer Betrachtung als Menü in fünf Gewandungen enthüllen, von der Suppe über Krustentiere, Geflügel und Gemüse bis zum Fleisch.

Es gibt dafür ein, ja, ich muß schon sagen: ungeheuerliches Beispiel, die *Olla potrida*. Sie ist seit Jahrhunderten in jeder weltläufigen Rezeptsammlung zu finden, beim bayerischen Mundkoch wie im Baierischen Nationalkochbuch. Carl Friedrich von Rumohr (1785–1843), der geistreiche Ahnherr deutscher Gastrosophie, „dessen zarte Gesundheit die schwere römische Kochart nicht ertragen konnte", hat sie in der Tiberstadt offensichtlich sechs Wochen lang als Diätkost genossen.
Die erste Erwähnung finde ich bei Marxen Rumpoldt, Kurfürstlich-Mainzischem Mundkoch 1581, und die klingt gar nicht nach Diät: *Hollopotrida, zu machen mit aller Zugehörigkeit.* Dazu gehören exakt 90 Zutaten, gebraten, gesotten, gequellt, geschabt, geschnitten. Hier eine Auswahl: Rind, Schwein, Kapaun, Rebhuhn, Haselhuhn, Fasan, Kalb, Enten, Gänse, Hennen, Hammel, Hasen, Auerhahn, Indian (Truthahn), Birkhahn, Trappen, Krammetsvögel, Hirsch, Reh, Lamm, Geiß, Gemse, Murmel, Schnepfen, Würste; Rüben, Spinat, Petersil, Knoblauch, Origano, Parmesan, Weißkraut, Pfeffer, Macis, Safran, Grünkohl, Pastinak, Petrumkraut... *Und muß sich ein Koch flugs tummeln, daß er diesen Zeug allen zusammen bringt. Wer es auch wil zurichten, der muß es zween oder drey Tage vorher anfahen, daß er alles zusammen bringt und sauber zuricht, das wolgeschmack und nicht versaltzen wirt. Darumb nennet man es Hollopotrida, daß vielerley zusammen kompt, und ist gut für König und Keyser, für Fürsten und Herrn zu geben.* Wohl wahr, da muß sich der Koch flugs tummeln! Und das kann er schon *auff zehen oder zwölff Tisch* anrichten bei solcher Fülle. Ein wildes Kesselfleisch ist das nicht, und da muß man schon genau schauen. Bei jedem Posten sagt Rumpoldt genau, wie er beschaffen sein soll: *biß gar ist, doch daz nit versotten, sauber zugedeckt, schau daz du sie nit verseudest, halb gar, kalt werden lassen, halb gebraten, nit gar gebraten, fein lindt gesaltzen* und schließlich *setz es auf Kohlen, doch auff kein brennendt Feuwer, daß es nicht anbrennt, und schaw, daß du es nicht versieden leßt, daß du ein jeglich Stück auff ein Schüssel besonder kanst anrichten.*

Ein guter Koch, das ist die Lehre, hat allezeit darauf geachtet, daß die Zutaten eines Gerichtes – und seien es auch 90 – jedes nach seiner Art au point gegart, mit Biß und Geschmack auf den Tisch kommen.
Der Herr von Rumohr übrigens begnügte sich bei seiner Olla potrida mit Schinken, Rindfleisch, Kalbfleisch, Hühnchen und Taube, dazu Wurzeln, Kräuter und Tagesgemüse, als Beilage Sardellen, frische Butter, Rettich, Gurkensalat und dergleichen. Eine feine Diät.

Geräte und Gerichte

Ein Topf mit Stiel – das ist das klassische Kochgerät, ein Geschirr in vielen Ausformungen für alle Zwecke. Eine flache Pfanne, ein eiserner Tiegel mit kurzem Griff, ein irdener Caquelon mit dem charakteristischen Stutzen, eine praktische Kasserolle, gestielt oder mit zwei Griffen. Zum Braten und Schmoren, Dämpfen und Dünsten, offen oder mit Deckel, auf dem Herd oder im Ofen. Casserole, Cassoule, Cocotte, Pot und Marmite, Tecia und Tegame: Man hört es schon, das Gerät hat manchem Gericht den Namen verliehen. Wenn Sie noch Großmutters Bräter und den neuen chinesischen Wok, die Paella-Pfanne aus Spanien und die handlichen Auflaufformen aus dem nächsten Küchengeschäft, die feuerfesten Terrinen, Schalen und Platten vom Töpfermarkt hinzuzählen, das Fondue-Gerät und all die Töpfe und Töpfchen hinten aus dem Schrank, die aus reinem Sammelvergnügen irgendwann einmal ins Haus gekommen sind – dann sind Sie gut gerüstet für unseren Topf mit Stil und seine Variationen.

Für die Grundausstattung freilich genügen auch eine große, schwere Pfanne mit hohem Rand, eine feste Kasserolle und ein großer Suppentopf.

Üppig aber muß es in Ihrem Kräuter- und Gewürzschrank aussehen, denn es ist kein Kochen, wenn man bei jedem Rezept erst nachschauen muß, ob diese wichtigen Kleinigkeiten auch im Hause sind. Bei mir füllen sie zwei Dutzend Gläschen, getrocknet, aber nicht zu alt und deshalb öfter aufgefrischt. Dazu schlummern noch ein paar Päckchen Kräuter im Kühlfach, und Petersilie, Basilikum und Schnittlauch, aber auch Salbei, Estragon, Rosmarin, Dill und Pimpernelle kann man leicht am Küchenfenster wie im Garten ziehen.

Auch Dosen und tiefgefrorene Vorräte sind hilfreich und feien gegen Verlegenheiten: Tomaten, Erbsen, Bohnen dreierlei Art sind der Grundstock. Wenn dann noch fünf Sorten Pasta im Regal liegen, ein Brocken Parmesan in Folie und Gemüsefach, eine Seite Pancetta oder Tiroler Speck im trockenen Keller hängt, Zwiebeln und Knoblauch, Thunfisch im Glas und tiefgekühltes Hackfleisch vorhanden sind, dann kann mich kein Gast zu keiner Stunde mehr überraschen.

Denn drei Sorten Öl von Oliven extra vergine, von Disteln und Sonnenblumen sowie drei Flaschen Weinessig – weiß, rot und balsamico – verstehen sich von selbst, und mit der Summe solcher Ingredienzen läßt sich wuchern.

Mengenangaben

Unsere Rezepte sind je nach Eigenart und Stil für vier fröhliche oder sechs mäßige Esser gedacht und Ihrer spontanen oder kreativen Erweiterung überlassen. Ein Topf mit Stil verlangt stets auch Phantasie, denn es ist Ihr Stil, den Sie prägen. Darum steht da auch nicht immer pingelig „Pfeffer und Salz", denn das haben Sie frisch gemahlen sowieso zur Hand, und auch nicht 1 Messerspitze oder 17 Gramm, denn soviel Mengengespür haben Sie selbst und Ihren eigenen Geschmacksnerv dazu. Ein „Täßchen" ist für den Espresso-Fan eine klare Größe, und wieviel Wein in ein „Glas" geht, weiß der Liebhaber. Ein „Streifen" Speck kann dick oder dünn sein – die Intensität bestimmen Sie. Von „Litern" Wasser oder Brühe wird hier selten die Rede sein, denn auch eine Suppe und erst recht ein Schmorgericht sollen nicht ersaufen, sondern ihre – oder Ihre! – eigene Konsistenz besitzen. Stil eben.

Und so möchte ich Sie nur noch einmal an den königlichen Mundkoch Rottenhöfer erinnern: *Nichts ist für die Küche nachtheiliger als schlechte Viktualien.* Wählen Sie gut, und kochen Sie mit Lust und Liebe, damit Sie für das Glück der Menschen sorgen, die unter Ihrem Dache weilen. Sie sind einer davon.

Zur Einstimmung:

Amuse-Gueule

Amuse-gueules, Gaumenhappen, Vorspeisen, Antipasti – ich gebe zu, man denkt dabei nicht gerade an einen Topf. – Aber Stil muß die Sache haben.

Denn da ist zu bedenken: Die Ankunftszeit meiner Gäste differiert oft um sechzig Minuten. Ich habe Freunde, die kommen stets ein Viertelstündchen früher, um über die jüngsten Intima zu unterrichten und ein wenig den Topfdeckel zu lüpfen. Dann gibt es die ganz Pünktlichen, die muß man ein wenig lockern. Und die Hungrigen, die muß man zähmen, bis die Trödler und die Gehetzten eintreffen. Die haben dann erst einmal ein Glas und einen Happen nötig.

Der gemeinsame Nenner heißt: eine kleine Gaumenfreude vorweg. Die entspannt und macht vertraut, und es ist auch den Küchenmeistern ganz recht, wenn sie nicht gleich zur „pièce de resistance“ gedrängt werden. Ich will das Eintreffen meiner Gäste schließlich auch genießen und zwischen Topf und Tisch eine lockere Verschnaufpause haben. Die heiße ich „Amuse-gueule“.

Das gehe nicht aus einem Topf, von einer Platte? Das geht sehr wohl, und niemand muß dazu feierlich Platz nehmen, wenn das Angebot nur locker und beiläufig genug drapiert ist. Eine Schale mit knackigen Gemüsestreifen neben ein, zwei Saucen, in die gedippt wird. Eine Schüssel mit marinierten oder fritierten Happen, die man auf Sticks spießt. Eine Platte mit knusprig-warmen Brotstückchen zur linken Hand, ein Schälchen Meeresfrüchte für die rechte. Das paßt zu Wein und Wasser, Bier und Bacardi, und macht Appetit und die Zunge rege. Manche bestreiten einen ganzen Sommer-Imbiß auf diese Weise und haben recht damit. Dann sind allerdings mehrere Töpfe und Platten vonnöten.

Crudités

Das ist keine rohe, krude Angelegenheit, im Gegenteil, das ist fein und läßt sich zu jeder Jahreszeit bereiten, die frische Feldfrüchte gedeihen läßt oder aus anderen Breiten anliefert. Sie könnten dazu natürlich eine gekaufte Vinaigrette oder Mayonnaise anbieten – aber wahrscheinlich werden Sie diese Saucen wie die *Bagna Cauda* oder die *Tapénade* selbst bereiten.

- Paprikaschoten in allen Farben
- Staudensellerie
- Junge Fenchelknollen
- Röschen von Blumenkohl und Broccoli
- Milde weiße Zwiebeln
- Chicoréestangen
- Feste Gurken
- Kleine Artischocken
- Zarte Bohnen
- Rosige Karotten

Die Auswahl liegt an Ihnen und dem Angebot der Saison. Von den Paprika bis zu den Gurken schneiden Sie alle Gemüse in handliche Streifchen und Schnitze, kleinfingerlang. Bei Bleichsellerie und Fenchel verwenden Sie nur die weißen Teile, bei Blumenkohl und Broccoli sind außer den Röschen auch die zarteren Stengel köstlich. Die sollte man nach meinem Geschmack allerdings ebenso wie Artischocken, Bohnen und Karotten zuvor kurz, aber intensiv blanchieren. Dann dekorieren Sie das Ensemble bunt und schön auf eine große Platte zu einigen Schälchen mit Saucen: Vinaigrette, Mayonnaise, Remoulade kennt jeder. Der Clou sind die beiden folgenden.

Tapénade

- 200 g entsteinte schwarze Oliven
- 100 g gewässerte Anchovisfilets
- 100 g gespülte Kapern, von der großen Sorte
- 1 Gläschen Cognac
- 1 Löffelchen Dijon-Senf
- 1 Täßchen Olivenöl
- Frisch gemahlener schwarzer Pfeffer
- Verriebener Thymian

Die Zutaten von Oliven bis Senf werden im Mörser oder Mixer püriert. Die Masse wird mit dem Olivenöl peu à peu zu einer dicklichen Paste verrührt und mit Pfeffer und Thymian gewürzt. Dabei können Sie gleich noch ein weiteres Amuse-gueule zu den Crudités gewinnen: Hartgekochte Eier, halbiert, die Dotter mit Tapénade vermischt und wieder eingefüllt.

◁ Fritierte Kürbisblüten, Rezept S. 19

Bagna cauda

Dieses „heiße Bad“ stammt aus dem Piemont und wird mit einem o am Ende auch in der Provence serviert. Es läßt sich wie eine Fondue um eine gewaltige Platte Crudités für viele Gäste anrichten. Dann hat jeder auf einem Réchaud ein kleines Pfännchen Bagna cauda vor sich und stippt. Als Beilage gibt es Baguettes und Croutons.

100 g sahnige Butter
6 Knoblauchzehen
20 Anchovisfilets
1 Tasse Olivenöl

Die Butter in einer Pfanne oder Caquelon zergehen lassen und den Knoblauch, in Scheibchen geschnitten, darin angilben und herausnehmen. Abgespülte und mit Küchenkrepp abgetupfte Anchovis in der heißen Butter – die nicht bräunen darf! – auflösen; eine Holzkelle hilft beim Zerdrücken. Olivenöl hinzufügen und sanft ein halbes Stündchen einschmoren.
Manche zerdrücken auch den Knoblauch in der Sauce und schützen ihn durch Beigabe von etwas Sahne vor Bitternis, andere würzen mit einem Schuß kräftigen Rotweins zum Abschluß: Probieren Sie es aus. Auf jeden Fall muß die Bagna heiß angeboten werden und steht in einem adretten „tegamino“ durch Kerzenflamme befeuert bei den Crudités.

Fritierte Kürbisblüten

Italienisch klingt das erst richtig blumig: Fritto di fiori di zucca.
Greifen Sie zu, wenn Sie im Sommer die gelb leuchtenden Blüten der Zucchini oder an den kleineren Zucchetti entdecken. Letztere können Sie dann mit der zarten Frucht im ganzen fritieren.

Ein Dutzend Kürbisblüten
100 g Mehl
1 Glas trockener Weißwein
1 Eiweiß
Olivenöl, auch zum Ausbacken
1 Mozzarella, am besten „buffalo“
Anchovisfilets, abgespült und abgetupft

Das Mehl wird mit dem Wein, einer Prise Salz und ein, zwei Löffeln Öl tüchtig verquirlt. Dann den sehr steif geschlagenen Eischnee unterheben. Die Blüten werden ohne Staubgefäße gewaschen und auf Küchenkrepp getrocknet. In jede Blüte kommt ein Stückchen Käse und ein Filet. In den dünnen Teig tunken und in einem Topf mit viel heißem Öl rundum knusprig fritieren. Bis zum Auftragen auf einer Platte im Ofen heiß halten.

Warme Zwiebeln, süß-sauer

Voraussetzung ist, daß Sie kleine milde weiße Zwiebeln auftreiben. Die werden nur geschält und von den Wurzelfäden befreit. Dazu passen Frühlingszwiebeln, in zentimeterlange Röllchen geschnitten – dann wird's ein wenig schärfer. Das läßt sich ausgleichen, indem man zuletzt herbe Apfelwürfel (Granny Smith z. B.) hinzufügt.

- 500 g Zwiebelchen
- 100 g Pancetta oder Schinkenspeck
- Olivenöl
- 2 Löffel Zucker
- 1 Täßchen Weinessig
- 1 Bund Frühlingszwiebeln
- 1 Apfel, herb, geschält, gewürfelt

Den Speck in mäßig Öl auslassen und die kleinen Zwiebeln darin goldgelb dünsten. Mit dem Zukker leicht karamelisieren und dann den Essig unterziehen. Die Frühlingsröllchen hinzufügen und ein halbes Stündchen sanft köcheln. Hitze abstellen, die Apfelstückchen unterheben und später warm servieren.

Marinierte Pilze

Auf den Geschmack gekommen sind wir längst, aber die Ausfälle von Tschernobyl und der ganz alltägliche Niederschlag gebieten uns, mit den leckersten Wald- und Wiesenkreationen wie Steinpilz oder Pfifferling behutsam umzugehen. Dafür ist das Angebot an Zuchtpilzen gewachsen und reizvoll geworden: Kleine Champignons und Egerlinge, feine Stockschwämmchen und Austernpilze sind frisch zu haben. Die werden trocken mit Krepp geputzt, von den härteren Stielen befreit, zu mundgerechten Happen halbiert oder zerpflückt und in einen warmen Sud eingelegt:

- 1 Tasse Olivenöl
- 1 Glas trockener Weißwein
- Zitrone
- 1 Lorbeerblatt
- 1 Knoblauchzehe
- körniges Salz
- 2 Wacholderbeeren
- 6 schwarze Pfefferkörner
- 500 g Pilze
- 1 Büschel Petersilie

Öl, Wein und einen Spritzer Zitronensaft mit Lorbeer und den mit Salzkörnern zerdrückten Gewürzen eine Viertelstunde durchköcheln. Den Sud durchseihen und heiß über die vorbereiteten Pilze geben. Darin erkalten sie einige Stunden oder über Nacht. Dann schöpft man sie mit einer Schaumkelle auf eine Platte und überstreut mit gehackter Petersilie.

◁ Warme Zwiebeln, süß-sauer, und marinierte Pilze, Rezepte siehe oben, Teller: Küchenprofi

Eingelegte Zucchini

Sie sollten versuchen, kleine Zucchini oder Courgettes zu bekommen. Die kann man etwas dicker schneiden und sie haben dann mehr Biß.

- 500 g Zucchini
- Olivenöl
- 2 Knoblauchzehen und Salz
- 1 Täßchen Weinessig
- Origano

An den Zucchini kappen Sie Stiel- und Blütenende und schneiden sie in Scheiben, die in heißem Öl schön nebeneinander beidseitig leicht gebräunt werden. Noch warm werden sie in einem Tiegel mit Knoblauchscheibchen, etwas Salz, Essig und zerriebenem Origano vermengt. Sie sollten, ab und zu durchgemischt, 24 Stunden ziehen.

Bruschetta

Das sind knusprig geröstete Scheiben von einem kräftigen Bauernbrot. Sie werden mit Knoblauchzehen eingerieben und mit bestem Olivenöl beträufelt: möglichst heiß auftragen.

Crostini

Der deftigen Bruschetta aus den Abruzzen entsprechen in der feineren Toscana die Crostini. Die Grundlage sind hier viereckige Weißbrotscheiben (da toscanisches Weißbrot hier nicht zu bekommen ist), die mit einer Paste aus Sardellen oder Hühnerleber bestrichen werden.

Di acciughe:

- Toastbrot
- 15 Sardellenfilets
- 1 Löffel Kapern
- 1 Knoblauchzehe
- 2 Löffel Olivenöl

Sardellen, Kapern und Knoblauch werden im Mörser oder Mixer zur Paste verarbeitet und mit Öl geschmeidig verrührt. Auf angeröstete Brotscheiben streichen und unter dem Grill oder im sehr heißen Ofen rasch überbacken, diagonal in Dreiecke teilen und auf warmer Platte servieren.

Di fegato:

- Toastbrot
- 200 g Hühnerleber
- 1 Schalotte
- 1 Löffel Kapern
- 1 Schuß trockener Weißwein
- Olivenöl

Die feingehackte Schalotte in Olivenöl andünsten und die gehackten Lebern darin anbraten. Gehackte Kapern hinzugeben und mit einem Schuß Wein schön einköcheln – dabei mit einem Holzspatel verrühren und zur Paste zerdrücken. Auf knusprig getoastete Brotscheiben geben, mit ein paar Tropfen Öl benetzen und mit frischem Pfeffer bemahlen, dann noch rasch übergrillen und heiß auf den Tisch bringen.

Gambas al ajillo

Gambas, Gamberetti, Shrimps – es handelt sich immer um Garnelen, und Sie sollten davon die etwas größere Sorte wählen, bei der ein Stück aus der Schale gebrochen wirklich zum Gaumenhappen wird. Bei diesem Rezept nach spanischer Art liegen sie ölüberglänzt und knoblauchduftend in einem warmen Tiegel.

500 g Gambas/Shrimps
1 Täßchen Olivenöl
5 Knoblauchzehen
1 Peperonischote
Einige Spritzer Zitrone
1 Gläschen Sherry dry
Petersilie

In dem Tiegel erhitzen Sie das Öl mit den zu Scheibchen geschnittenen Knoblauchzehen und den roten Ringlein der entkernten Peperoni. Darin werden die abgetropften Garnelen in der Schale geschwenkt und fünf Minuten sautiert. Vom Feuer nehmen, mit Zitrone und Sherry abschmecken und noch ein wenig ziehen lassen. Die gehackte Petersilie darüberstreuen.

◁ Salat von Meeresfrüchten, Rezept nebenstehend, Schüssel: Küchenprofi

Salat von Meeresfrüchten

Die kleinen Tintenfische – *seppioline* oder *moscardini* – entdecken Sie wie die Venusmuscheln – *vongole* – gelegentlich tagesfrisch im Spezialgeschäft, Shrimps sowieso. Die Mühe der Zubereitung entspricht den Kosten, aber beides lohnt: denn diese Schale wird rasch zum Mittelpunkt einer kalten Tafel.

500 g Tintenfisch, evtl. tiefgefroren
500 g Venusmuscheln, evtl. aus der Dose
500 g Shrimps, evtl. tiefgefroren
1 Glas trockener Weißwein
1 Tomatenpaprika
1 Zucchini
1 feste Tomate
1 Bund Petersilie
Olivenöl und Aceto balsamico
Pfeffer und Salz

Die geputzten Tintenfische werden mit Salzwasser bedeckt aufgekocht und zugedeckt weich geköchelt, das dauert mindestens 20 Minuten.
Indessen die sorgfältig gespülten Muscheln in heißem Öl schwenken, mit Wein aufgießen und dann einköcheln. Geschlossene Muscheln wegwerfen! (Bei der geschälten Dosenware müssen Sie nur das Fleisch mit etwas Öl und Wein warm durchziehen lassen.) Die geschälten Garnelen gut abtropfen lassen und mit Zitronensaft besprenkeln.
Paprika, Zucchini und Tomatenfleisch zu kleinen Würfeln schneiden.
Aus Olivenöl und Balsamessig im Verhältnis 3 : 1 eine würzige Sauce mit Pfeffer und Salz aufschlagen.
In einer großen Schale zerteilte Tintenfische, Muscheln und Garnelen mit dem Fruchtfleisch gut mischen, mit der Marinade begießen, mit gehackter Petersilie bestreuen und unter gelegentlichem Wenden eine Weile durchziehen lassen.

Aus Körnern und Schalen:

Pasta und Pasteten

Pasta und Pasteten – hört sich harmlos an. Irgend etwas zwischen Nudeln mit Soße und diesen königlich genannten Teigkapseln mit Füllung. Aber wir nehmen die Sache wörtlich, gehen den Begriffen auf den Grund – und da tut sich ein kulinarisches Reich von schmackhafter Fülle auf.

„Pasta" bedeutet zunächst einmal – genau wie das französische Äquivalent „pâte" – einfach „Teig". Das können dann Teig*waren* sein aus der Fabrik, wie die italienischen *pasta secca,* oder hausgemacht wie die *pasta fresca* – von den haarfeinen *fedelini* über die Bänder der *papardelle* und die Röhren der *rigatoni* bis zu den Blättern der *lasagne.* Bei unszulande heißt so etwas breite Nudeln oder Maultaschen.

„Pasta" ist aber auch der Brotteig, aus dessen dünnem Fladen eine *pizza* wird; der Blatterteig, der einer *torta pasqualina* Halt gibt; und aus der „pâte" wird eine *tarte* so gut wie eine *quiche* gemacht.

Der Teig kann statt aus Mehl auch aus Fleisch, Gemüse und Gewürzen entstehen; und dann heißt das Ergebnis Pastete oder *pâté,* wenn es in einen Teigmantel aus Mehl gehüllt ist; *terrine,* wenn darum Speckscheiben liegen; *rillettes* oder *tian,* wenn es einfach so in Topf und Tiegel ruht.

Aus grob gemahlenen Maiskörnern – früher verwandte man auch Buchweizen – wird eine Masse namens *polenta.* Ölig glänzender Rundkornreis wird zum *risotto.* Man kann sich richtig vorstellen, wie die sich im rußigen Kessel auf offenem Feuer zu duftendem Brei verwandeln und am bäuerlichen Tisch rundum ausgelöffelt werden.

Dies haben unsere Pasta und Pizze, Pâtés und Polente gemeinsam: Es sind einfache und oft deftige Gerichte, dazu gedacht, hungrige Mägen zu füllen. Und genau so geraten sie auf meinen Speisezettel. Natürlich ist ein Häufchen Stroh und Heu – *paglia e fieno* – mit Butter und Parmesan eine leckere Vorspeise. Aber meine Familie und Freunde erwarten eine üppige *spaghettata,* wenn ich Pasta ankündige – dazu kann man sie durch wohlige Erfahrung erziehen. Ein Blech mit Pizza sättigt ohnehin und hat den Vorteil, daß man es vorbereiten und ohne weiteren Küchenaufwand aus dem Ofen holen kann. Pasteten taugen für einen kräftigen Imbiß: zwei von der Sorte mit *baguettes* und *mixed pickles* genügen für eine ganze Horde. Und eine massige Polenta, ein massiver Risotto sind ideale Kompagnons an einem kühlen Winterabend. Der „Kompagnon" steht nicht ohne Grund: Pasta und Pasteten schaffen eine fabelhafte Grundlage für intensiven Weingenuß.

Und nun: *Ha le mani in pasta!* Das heißt nicht: „Stecken Sie die Hände in den Teig" sondern „Sie haben die Hände im Spiel!" An dieser Wendung erkennen Sie die fundamentale Bedeutung der Pasta – in Italien und überhaupt.

Kässpätzle

Wir fangen daheim an, bei den hausgemachten schwäbischen Spätzle. Ich bereite den Mehlteig nur mit Eiern, dann muß man das Gefühl für die richtige Konsistenz in den Fingern haben; das folgende Rezept ist natürlich ergiebiger. Entscheidend ist, daß der Teig so geschmeidig und gleichzeitig fest ist, daß Sie ihn mit dem Schaber oder einem breiten Messer in kleinen Strängen vom abgeflachten, feuchten Holzbrett direkt in das kochende Salzwasser schaben können, ohne daß er sich da mehlig auflöst. Einfacher ist es mit dem Spätzleseiher, mit dem Sie Knopfspätzle nach Allgäuer Art produzieren.

500 g Mehl

3 Eier

1/4 l Wasser

1 Löffel Öl

Salz

400 g Emmentaler

Mehl zuerst mit den Eiern und dann mit Wasser zu einem glatten Teig verrühren. Öl und Salz untermengen und den Teig nun ruhen lassen. Portionsweise auf ein Brett geben, flachstreichen und in einen großen Topf mit sprudelndem Salzwasser schaben. Sobald die Spätzle an die Oberfläche steigen, mit einem Schaumlöffel feucht in eine warme Auflaufform schöpfen und mit geriebenem Käse überstreuen. Und so Schicht für Schicht. Am Schluß noch rasch im erhitzten Ofen überbacken. Besonders würzig wird es mit einer Bedeckung von kross gerösteten Zwiebelstreifen und attraktiv in einem irdenen Caquelon.

Piroggen

Was den Schwaben die Maultaschen, sind den Russen die Piroschki. Die werden im Westen Pastetchen genannt und haben eine Fleischfüllung. Zum Kontrast wählen wir Piroggen nach einem altpolnischen Rezept mit Sauerkrauteinlage.

350 g Mehl

1 Ei

Wasser, lauwarm für den Teig.

2 Zwiebeln

2 Löffel Schmalz

500 g Sauerkraut

25 g eingeweichte Trockenpilze

evtl. Semmelbrösel, Pfeffer und Salz

1 Streifen Rauchspeck

Mehl und Ei werden mit den Händen unter Zugabe von lauwarmem Wasser zu einem geschmeidigen Teig verarbeitet, der unter einem Tuch eine Stunde durchziehen soll. Dann gut ausrollen und mit einem Wasserglas Scheiben ausstechen.

Die gehackten Zwiebeln werden in Schmalz ausgelassen, dann kommt das ausgedrückte und noch einmal zerschnittene Sauerkraut hinzu und schließlich die klein geschnitzelten Pilze. Ist das geschmorte Gemenge zu saftig, mit etwas Semmelbröseln eindicken und mit Pfeffer und Salz abschmecken.

Die Krautfüllung auf die Teigscheiben setzen, zu Halbmonden zusammenklappen und an den Rändern sehr gut zusammendrücken.

In siedendem Salzwasser mit dem Pilzsud fünf Minuten garen, abschöpfen und in einem heißen Tiegel mit ausgelassenen Speckwürfeln übergießen.

◁ Vermicelli alla puttanesca, S. 39, Spaghetti-Kochtopf mit Einsatz: Spring

Maultaschen

Das ist *die* kulinarische Ouvertüre des Schwabenlandes für seine Gäste: Maultaschen geschmälzt, in der Brühe oder geröstet. Und dazu ein Viertele süffiger Trollinger oder ein trockener Kerner. Beides können Sie mit etwas Eifer auch zu Hause kredenzen.

500 g Mehl
4 Eier
und Salz für den Teig;
1 Streifen Schinkenspeck
1 Löffel Butter
2 Zwiebeln
250 g Brät von rohen Schweinswürsten
250 g Brät von angeräucherter Rindswurst oder Hackfleisch oder Bratenreste
250 g gekochter Spinat
4 Eier
1 Bund Petersilie, gehackt
Muskat, Pfeffer, Salz
Semmelbrösel

Mehl und Eier verrühren, mit wenig Salz und vielleicht etwas Wasser zu einem festen Teig verkneten, der auf mehliger Unterlage zu zwei großen Blättern ausgerollt wird. Enthusiasten schätzen sie dünn und durchsichtig – aber durchlassig dürfen sie nicht sein.

Den fein gewürfelten Schinkenspeck braten Sie in Butter an, lassen die fein geschnittenen Zwiebeln darin glasig werden und mischen das rohe Brät darunter. Diese Masse wird mit dem übrigen Brät/Hackfleisch/Bratenrest und dem Spinat durch den Fleischwolf gedreht, mit drei Eiern, Petersilie und den Gewürzen vermengt. Ist die Füllung zu weich, bekommt sie durch Semmelbrösel Halt. Nun klacksen Sie dieses Haché mit einem Löffel in geziemenden Abständen auf eine Teigplatte, bepinseln die Zwischenräume mit dem verbliebenen verquirlten Ei und breiten lokker das andere Teigblatt darüber. In den Tälern wird es gut angedrückt, dann fährt man mit einem Teigrädchen schöne viereckige, maulgroße Taschen heraus. Die werden in siedender Fleischbrühe – es könnte auch Salzwasser sein – zehn Minuten gegart.
Und nun können Sie Maultaschen servieren

- aus der Brühe im tiefen Teller mit Schnittlauch bestreut;
- aus einem Tiegel mit goldig gerösteten Zwiebeln geschmälzt;
- in Streifen geschnitten und in Butter geröstet aus der Pfanne (ganz üppig mit verquirlten Eiern darüber).

In jedem Falle gehört eine Schüssel Kartoffelsalat dazu. Die Schwaben haben ihn besonders saftig, weil sie der Vinaigrette ein paar Löffel warme Spätzles- oder Fleischbrühe zufügen.

Schlutzkrapfen

Freunden Südtirols wird das sehr vertraut klingen. Offenbar zählen Maultaschen, Piroggen und Schlutzkrapfen zum gemeinsamen europäischen Kulturgut. Variationen gibt es für alle Rezepte, und dann werden die Überschneidungen noch deutlicher. Die Tiroler *Tirtlen* werden mit Sauerkraut gefüllt, Schlutzkrapfen auch mit Kartoffelraspeln und Topfen – das ist Quark. Wir wählen die Spinat-Version.

250 g Roggenmehl
250 g Weizenmehl
2 Eier, Salz und Öl für den Teig;
500 g gekochter Spinat
1 Bund Petersilie
1 Löffel Butter
1 Zwiebel
2 Löffel Crème fraîche
150 g Topfen/Quark
1 Löffel Bergkäse, gerieben
Muskat, Pfeffer, Salz
Butter und Parmesan

Mehl und Eier mit einer Prise Salz, einem Löffel Öl und warmem Wasser nach Bedarf zu festem glattem Teig verkneten und eine Stunde ruhen lassen. Inzwischen Spinat und Petersilie durch den Fleischwolf treiben, die Zwiebel in Butter dünsten und mit Crème und Topfen einköcheln. Alles in einer Schüssel vermengen und mit Käse und Gewürzen abschmecken.
Jetzt wird der Teig dünn ausgerollt und mit einem Glas werden runde Flecken ausgestochen. Darauf kommt je ein Klacks Füllung; dann zusammenklappen und die Ränder festdrücken.
In Salzwasser gut fünf Minuten sieden und ausschöpfen. Mit gebräunter Butter begossen und mit Parmesan bestreut auftragen.

◁ Schlutzkrapfen, Backschaufel: Küchenprofi

Pasta secca

Pasta secca ist der Sammelbegriff für die vielförmigen Teigwaren, die in Italiens Nudelfabriken aus Hartweizengrieß hergestellt werden. Die Kochzeit ist oft auf den Packungen angegeben. Aber wenn sie wirklich „al dente“ sein sollen, den letzten feinen Biß haben, hilft nur eines: Probe beißen. Und *al punto* vom Feuer, mit einem Strahl kaltem Wasser verrühren – dann kleben sie weniger und der Kochvorgang ist gestoppt – und in ein Sieb schütten.
Pro Person rechnen Sie 100 g Pasta. Die Nudeln müssen schwimmen, also sehr viel Wasser. Es wird erst beim Aufwallen gesalzen, das steigert die Hitze. Und dann rasch die Spaghetti, Bucatini, Maccheroncini, die Tagliatelle, Penne oder Rigatoni hineingleiten lassen, ab und zu umrühren.
Sie sollten stets ein ganzes Sortiment auf Lager haben – nichts feit besser gegen überraschende Gäste und ist schneller angerichtet.
Entscheidend ist natürlich der *Sugo.* Mit ein paar Rezepten erschließen Sie die ganze Variationsbreite – Phantasie ist gefragt. Und Sie werden bald merken, daß jeder Sugo seine eigene Sorte Pasta verlangt. Also ist wohl doch die Pasta entscheidend. Gleichviel, so eine heiße, dampfende, duftende Schüssel Spaghettata ist ein Erfolgsversprechen mit hoher Garantie.

Spaghettini aglio, olio e peperoncino

400 g Spaghettini (das sind die dünneren)
4 Löffel Olivenöl, extra vergine
4 Knoblauchzehen
1 rote Pfefferschote
1 Handvoll gehackte Petersilie

Öl in einer hochwandigen Pfanne erhitzen. Den kleingehackten Knoblauch und die Ringlein der Pfefferschote – mit den Fingern nicht an die Augen kommen! – darin andünsten, aber nicht bräunen!
Vom Feuer ziehen, die heißen Spaghettini einfüllen, mit Petersilie bestreuen, tüchtig durchmischen und auftragen.
Das ist ein Blitzgericht und kann höllisch intensiv und scharf werden. Ideal um Mitternacht.

Spaghetti alla carbonara

400 g Spaghetti
1 Löffel Öl
150 g Pancetta oder Tiroler Speck
1 Knoblauchzehe
4 Eier
80 g Pecorino und Parmesan, gerieben
Schwarzer Pfeffer

Den grob gewürfelten Speck mit der ganzen Knoblauchzehe im Öl fast kross braten, die Zehe vor dem Bräunen herausnehmen. Eier mit dem Käse und frisch gemahlenem Pfeffer in einer bauchigen Terrine kräftig aufschlagen. Die abgegossenen Spaghetti sofort in die Terrine geben und mit der Eimasse gut durchmengen. Den heißen Speck darübergießen – Deckel drauf und auftragen.

Spaghetti con pomodoro e basilico

Wenn Sie im August nicht nur den prächtigen Basilikum, sondern auch die duftenden festen Tomaten aus der Campagna auf dem Markt finden, ist die einfachste Köstlichkeit an der Reihe.

400 g Spaghetti
500 g Tomaten
1 Büschel Basilikum
2 Löffel Olivenöl
Pfeffer und Salz

Tomaten heiß brühen, kalt abschrecken, rasch schälen und nur das feste Fleisch ohne Kerne und Mark in Würfel schneiden.
Basilikumblätter in feine Streifen schneiden. In heißem Öl Tomatenfleisch andünsten, Basilico unterziehen, mit frischem Pfeffer und wenig Salz abschmecken und gleich aus der Pfanne zu den heißen Spaghetti auftragen.
Der Sugo geht auch ohne Herd und heißt dann *crudo*, roh: Einfach die Zutaten vermischen und ein wenig durchziehen lassen.

Linguine col pesto alla genovese

400 g Linguine (eine flache Art Spaghetti)
1 Handvoll Pinienkerne
4 Knoblauchzehen
1 Büschel Basilikum
körniges Salz
2 Löffel Pecorino und Parmesan
1 Täßchen Olivenöl, extra vergine

Mit unseren bläßlichen Basilikum-Züchtungen erreichen Sie die würzige Fülle dieses ligurischen Pesto selten. Aber wenn Sie ein üppiges Büschel mit kräftigen Stielen und dunklen Blättern auftreiben, dann müssen Sie einen frischen Pesto machen, der übrigens auch einer Minestrone den letzten Pfiff gibt.
In einem großen Mörser werden die gehackten Knoblauchzehen und Pinoli zerstoßen, dann die geschnittenen Basilikumblätter mit körnigem Salz – damit der *basilico* grün bleibt – eingemalmt, schließlich der geriebene Käse darin zerdrückt. Das muß sorgfältig geschehen, denn wenn Sie jetzt schön langsam das duftende Öl einrühren, soll eine sämige Paste entstehen, die mit einem Löffel Pasta-Brühe geschmeidig wird. Im Mörser auf den Tisch stellen und über die sehr heißen Linguine löffeln.

◁ Linguine col pesto alla genovese, s. o., Mörser und Servierschale: Küchenprofi

Bucatini all'amatriciana

400 g Bucatini (lange dünne Röhren)
2 Löffel Olivenöl
100 g Pancetta oder Schinkenspeck
1 Schalotte
300 g Tomaten
1 rote Pfefferschote
Pecorino, gerieben

Kleingewürfelte Pancetta im Öl ausbraten und in dem Fett die feingeschnittene Schalotte gilben. Das Fleisch der gebrühten, geschälten, entkernten und gehackten Tomaten mit dem ganzen Peperoncino hinzugeben und weich dünsten. Die heißen Bucatini in eine vorgewärmte und gebutterte Schüssel geben, mit dem Sugo übergießen und Pecorino daraufstreuen und dazu reichen.

Penne alla carrettiera

400 g Penne (kurze Röhrennudeln)
3 Löffel Öl
1 Knoblauchzehe
5 Anchovisfilets
25 g getrocknete Pilze (porcini) eingeweicht
400 g Tomaten
1 Dose Thunfisch (in der Lake)

Knoblauchscheiben in Öl dünsten und herausnehmen, dafür die abgetropften Anchovis und die Pilze, fein geschnitten, hineingeben. Mit dem gehackten Fleisch der geschälten und entkernten Tomaten 20 Minuten schmoren. Dann den abgetropften Thunfisch damit durchkochen, pfeffern und den Sugo über eine Schüssel mit den heißen Penne verteilen. Schmeckt auch kalt!

Vermicelli alla puttanesca

- 400 g Vermicelli
- 1 Täßchen Olivenöl
- 1 Knoblauchzehe
- 10 Anchovisfilets
- 1 rote Paprika
- 1 Zucchini
- 400 g Tomaten
- 1 Handvoll schwarze Oliven
- 1 Löffel Kapern

In einem schweren Tiegel das Öl mit dem zerquetschten Knoblauch und den trockengetupften Anchovis erhitzen, feine Streifen Paprika und Zucchini darin andünsten und mit dem grob geschnittenen Fleisch der geschälten Tomaten durchköcheln. Die entkernten Oliven, geviertelt, und die Kapern ziehen fünf Minuten mit. Etwas Biß soll dieser fleischige „Sugo nach Hurenart" schon noch haben. Dann rasch die heißen Vermicelli (die neapolitanische, etwas dickere Sorte Spaghetti) unterziehen und im Tiegel servieren.

Ob Sie Pasta kochen, Gemüse-, Fleisch- oder Fischgerichte zubereiten – kein Gericht kann besser werden als die Zutaten, die Sie verwenden, aber auch als das Kochgeschirr, das Sie einsetzen. Das beginnt beim richtigen Boden und endet beim festsitzenden Deckel. Wenn dann noch die Form stimmt, steht einem stilvollen Servieren nichts mehr im Wege.
Es gibt mehrschichtige Edelstahlgeschirre (Spring GL-Reihe), die wir gerne verwenden und auch in diesem Buch an verschiedenen Stellen abgebildet haben. Dabei werden die Vorteile des Edelstahls, nämlich die pflegeleichte Oberfläche, mit der guten Leitfähigkeit der inneren Aluminiumschichten kombiniert. So wird das Kochgut vom Boden und von den Wänden her schnell und gleichmäßig erhitzt.

Maccheroncini ai quattro formaggi

Unter uns: Es müssen nicht gerade vier Käse sein, aber sie sollten sich kontrastierend ergänzen und zu würzigem Sugo einen.

- 400 g Maccheroncini (dürfen gebrochen werden!)
- 50 g Bergkäse oder Gruyère
- 50 g Fontina oder Emmentaler
- 50 g Provolone oder Mozzarella
- 100 g Parmesan
- 2 Löffel Butter
- 1 Löffel Mehl
- 1 Glas Milch

Die Käse klein würfeln. Mehl in der ausgelassenen Butter verquirlen, die Milch einrühren und durchköcheln. Auf warmer Platte nacheinander die Käsewürfel geduldig einziehen, zur dicklichen Sauce einkochen und mit frischem Pfeffer sofort über eine vorgewärmte Schüssel mit der heißen Pasta geben. Gut vermengen.
An sehr hungrigen Winterabenden lasse ich mit den Maccheroncini noch ein Paket tiefgekühlter Erbsen garziehen.

Paglia e fieno

„Stroh und Heu" klingt ja sehr trocken. Doch es handelt sich um das Gegenteil, nämlich *pasta fresca,* frische, hausgemachte feine Fettucine in weiß und grün (durch Spinatzugabe). Die finden Sie *fatta in casa* in guten italienischen Feinkostgeschäften als hübsche kleine Nester. Sie sind in wenigen Minuten al dente gekocht und verlangen eine zarte Geschmacksbeigabe.

400 g Fettuccine, weiß und grün
Butter
Parmesan
Egerlinge – oder gar Trüffel

Heiße Eiernudeln direkt auf die Teller geben. Jeder nimmt sich aus einem Töpfchen einen Löffel weiche Sahnebutter, reibt frischen Parmesan darüber, hobelt mit dem feinen Trüffelhobel (ein adretter Gemüsehobel tut's auch) ein paar frische Köpfchen Pilze dazu und mischt gut durch.
Festlich teuer wird es mit weißer Trüffel. Dann sollte man auch den bröckelig-feuchten Parmesan über den Hobel ziehen: Die Scheibchen ergeben einen besseren Geschmackskontrast.

◁ Paglia e fieno, s. o.

Pappardelle con la lepre

Auch bei dieser toscanischen Spezialität handelt es sich um Eiernudeln, aber um ganz breite. Und um ein kraftvolles Hasenragù.

400 g Pappardelle
1/2 Hase
1 Flasche Rotwein San Giovese
1 Zwiebel, Selleriestange, Lorbeerblatt, Pfefferkörner, Thymian
1 Streifen Speck
1 Zwiebel
1 Karotte
Butter
Salz und Pfeffer

Der Hase wird in Portionsstücke zerlegt. Aus dem Rotwein entsteht mit Zwiebel- und Selleriescheiben und den Gewürzen eine Marinade. Darin ruht der Hase bedeckt über Nacht.
In einem schweren Tiegel Speck, Zwiebel und Karotte, alle kleingewürfelt, mit etwas Butter glasig dünsten. Die abgetropften Hasenteile aus der Marinade in dem *battuto* anbraten, salzen und pfeffern. Die Marinade nach und nach angießen und zugedeckt anderthalb Stunden schmoren lassen.
Die weichen Fleischstücke herausnehmen und von den Knochen lösen. Unterdessen den Sugo einköcheln und durch ein Sieb streichen. Fleisch und Sauce wieder in den Tiegel geben; ein wenig mit Mehl verknetete Butter hilft vielleicht, dem Ragù die notwendige dickliche Konsistenz zu geben.
Heiß auf den Tisch neben eine Platte mit dampfenden, gebutterten Pappardelle stellen.

Lasagne al forno

Die Sache ist aufwendig, aber lohnend. Und wenn Sie zwei Stunden geschafft haben und die Form prall im Ofen steht, können Sie beruhigt ein Buch zur Hand nehmen und auf die Gäste warten. Satt werden sechse und bei wenig Mehraufwand auch zehn von einer Platte.

Sugo alla bolognese:
50 g Pancetta oder Schinkenspeck
Butter
je 1 Zwiebel, Knoblauchzehe, Selleriestange, Karotte
20 g Trockenpilze, eingeweicht
250 g Hackfleisch, gemischt
100 g roher Schinken
Oregano und Rosmarin
500 g Tomaten
1 Glas Rotwein
Zucker, Salz, Pfeffer
Béchamelsauce:
3 Löffel Butter
3 Löffel Mehl
1/4 l Milch
Muskat
Pasta: 400 g Lasagne-Blätter
Parmesan: 100 g, gerieben
Butterflöckchen

Die Sughi für die Füllung müssen fertig sein, ehe Sie die Pasta garen und in die Form schichten.
Für den *Sugo alla bolognese* wird die klein gewürfelte Pancetta in Butter ausgelassen und mit dem fein Gehackten aus Zwiebel, Knofl, Sellerie und Karotte gedünstet. Die eingeweichten Pilze in Streifchen schneiden und hinzufügen. Dann Hackfleisch und Schinkenwürfelchen im *battuto* anbraten, durchmischen, mit zerriebenem trokkenen Oregano und Rosmarin würzen. Die geschälten geviertelten Tomaten darüberlegen, Rotwein angießen, mit einer Prise Zucker, Salz und Pfeffer würzen und unterm Deckel bei gelegentlichem Rühren köcheln.
Auf zur *Salsa besciamella.*
Die Butter mit dem Mehl licht einbrennen, unter heftiger Betätigung des Schneebesens mit etwas Wasser löschen und allmählich die Milch einrühren. Die sämige Salsa wird mit Muskat berieben und abgeschmeckt, darf dann sanft gewärmt weiterdämmern.
Denn jetzt geht's zur *Pasta* – manche machen sie selbst aus Mehl und Eiern. Ich ziehe wegen der Mühe gute „vom Italiener" vor, eiergelb oder spinatgrün: *pasta verde.* Die großen Blätter gleiten in einen noch größeren Topf sprudelnden Wassers und werden „al dente" gegart, vorsichtig mit dem Löffelstiel herausgefischt und auf einem Tuch getrocknet. Wenn das fertig ist, sind auch Sugo und Salsa schon durchgezogen.
Nun kommt in die gebutterte rechteckige Auflaufform oder ofenfeste Keramikschale eine Lage Lasagne-Blätter, wird mit Sugo bestrichen, darauf Salsa geträufelt und Parmesan gestreut – dann wieder Lasagne und so weiter. Am Schluß Salsa, Parmesan und Butterflöckchen.
Das kann jetzt im Ofen garen. Binnen einer halben Stunde ist es dann bei 180–200 Grad goldgelb überbacken.

Torta pasqualina

Bei der ligurischen Ostertorte haben Sie zwei Möglichkeiten, den Teig zu bereiten. Nach dem Original rühren und kneten Sie aus 1 kg Mehl mit 1/4 l Wasser und einigen Löffeln Olivenöl einen geschmeidigen Nudelteig, der in 33 Bällchen geteilt wird – so viele Lebensjahre zählte Jesus bei seinem Tode im Jahre 30 christlicher Zeitrechnung.

Diese Kugeln werden zwischen den Händen zu papierdünnen runden Teigplatten geworfen und in zwei Schichten, jedes Blatt mit Öl bepinselt, unter und über der Füllung zum Strudel geordnet.

Oder Sie kaufen eine Packung Blätterteig. Mit dessen einer Hälfte wird dann eine geölte Springform bis zum Rand ausgelegt, die andere auf die Füllung gedeckt, mit einer Gabel eingestochen und mit Öl benetzt.

Also:

Blätterteig
1 kg Mangold oder Blattspinat
1 Zwiebel
3 Löffel Butter
Majoran
Pfeffer und Salz
500 g Ricotta oder Quark
1 Täßchen Sahne
6 Eier
1 Handvoll Parmesan, gerieben
Olivenöl

Der gut abgetropfte Mangold (dicke Rippen flach schneiden) – oder Spinat – wird quer in Streifen geschnitten. Die gehackte Zwiebel in Butter gilben und das Gemüse eindünsten: es darf nicht wässrig sein. Mit Majoran würzen, pfeffern, salzen.

Ricotta mit der Sahne glatt verrühren.

Springform wie geschildert mit einer Teighälfte auslegen. Mangold/Spinat darauf verteilen, Ricotta darüberstreichen. Ringsum sechs Vertiefungen eindrücken: Da rein kommt je ein Klacks Sahne, ein rohes Ei aus der Schale, eine Prise Salz und Pfeffer. Über das Ganze eine Handvoll Parmesan, ehe es mit der zweiten Teigschicht verschlossen wird. Einstechen und ölen nicht vergessen.

Eine knappe Stunde bei 180–200 Grad im Ofen bräunen. Und wenn Sie das nun Ihren Freunden warm oder kalt in Tortenschnitten servieren, dürfen Sie raten lassen: Handelt es sich um eine Pasta oder eine Pastete?

Quiche lorraine

250 g Mehl
1 starke Prise Salz
125 g Butter
3–4 Löffel Eiswasser
250 g kräftiger Rauchspeck/Schinkenspeck
1 Löffel Butter
3 Eier
1/4 l Crème double
Salz, Pfeffer, Muskat

Die Lothringer Specktorte erblüht auf einem Mürbeteig. Dafür wird Mehl und Salz in einer Schüssel vermischt, die Butter mit dem Messer darin abgestreift und mit den Händen und kaltem Wasser rasch zu glattem Teig verarbeitet, der eine Stunde kühl in einer Folie ruht.

Inzwischen schneiden Sie den Räucherspeck in feine Streifen und braten ihn in Butter glasig. Dann werden die Eier in der Crème aufgeschlagen und gewürzt.

Nun rollen Sie den Teig aus und betten ihn in eine gebutterte Springform mit hohem Rand. Darauf wird mit einem Schaumlöffel der abgekühlte Speck verteilt und die leicht schaumige Eiercrème gegossen.

Für eine halbe Stunde bei 200 Grad in den Ofen schieben. Dann auf einem Drahtgitter etwas auskühlen und warm offerieren.

Zwiebelkuchen

250 g Mehl
20 g Hefe
1 Tasse warme Milch
2 Löffel Butter
1 Prise Salz
1 kg Zwiebeln
150 g geräucherter Speck
Kümmel, Salz, Pfeffer
3 Eier
1 Tasse saure Sahne

Zwiwwlkuche, Zwiwelplotsch, Zwiwelwähe gibt es in jeder anständigen Weingegend. Manchmal auf Brotteig, meistens mit Hefeteig. Letzterer sollte nicht zu dick sein.

Das Mehl in eine Schüssel geben und inmitten eine Grube drücken. Dort wird die zerbröckelte Hefe mit etwas warmer Milch im Mehlrand zum Vorteig verrührt und geht in einer halben Stunde zugedeckt am warmen Ort auf. Dann wird mit der restlichen Milch, warmer Butter und Salz der Teig geschlagen, bis er sich vom Rande löst.

Jetzt die Zwiebeln grob schneiden und in den ausgelassenen Speckwürfeln hellgelb dünsten, vom Feuer nehmen, mit Kümmel, Pfeffer und Salz abschmecken. Eier und Sahne verkleppern.

Den Teig ausrollen und in eine große gebutterte Springform auslegen. Das Zwiebelragout darauf verteilen und den Eierrahm darübergießen. Bei 180 Grad eine gute halbe Stunde im Backofen lassen. Dazu neuer Wein!

Pizza Campofranco

Ich bin der Überzeugung, daß eine klassische Pizza auf trockenem Hefeteig nur im Steinofen oder Spezialgerät gelingt, und auch das nicht in jeder Pizzeria. Außerdem schaffe ich es nicht, vier oder sechs von denen gleichzeitig ofenfrisch auf den Tisch zu bringen. Darum habe ich meine Experimente eingestellt und „meinen Italiener" um die Ecke, der sie blitzgeschwind anfährt.
Diese kampanische Pizza ist eher ein Tortentyp, entfaltet beim Anschneiden den Duft aller klassischen Elemente und füllt einen ganzen Weinabend.
Grundlage ist die *focaccia*, ein Hefefladen, die man auch als warmes Zubrot pur offerieren kann.

- 400 g Mehl
- 20 g Hefe
- 3 Eier
- 150 g Butter
- 1 Glas warmes Wasser und Salz

Aus einem Häufchen Mehl und der in etwas Wasser aufgelösten Hefe kneten Sie eine Kugel; diesen Vorteig bedeckt eine Stunde gehen lassen. Dann wird er mit der großen Mehlmenge und den übrigen Zutaten zu einem mürben festen Teig verarbeitet und ruht ausgebreitet eine halbe Stunde in einer gefetteten Springform. Die wird dann bei mäßigen 150 Grad im Ofen eine halbe Stunde sanft gegart oder gebacken.
Die Focaccia ist jetzt fertig.
Für die Pizza alla Campofranco muß sie auskühlen und wird dann horizontal in zwei Hälften geschnitten.

- 400 g Mozzarella
- 150 g Parmaschinken oder Salami
- Tomaten-Sugo (S. 43)
- Parmesan, gerieben

Der Focaccia-Boden wird mit dünnen Käsescheiben belegt, darauf Schinken- oder Wurststreifchen, darüber den dicklich eingekochten Sugo al pomodoro; mit Zwiebelchen eingedünstet wird er kräftiger, mit Oregano bestreut duftender. Mit geriebenem Parmesan berieseln.
Jetzt den Focaccia-Deckel aufsetzen und noch einmal mit Mozzarella, Sugo und Parmesan dünn überdecken. Ein Viertelstündchen bei 200 Grad im vorgeheizten Ofen goldig bräunen.

Sardenaira

Dazu verwenden Sie wieder den Focaccia-Teig, kneten ihn anschließend noch einmal durch und bedecken damit ein gefettetes Backblech, wo er wieder ein wenig aufgeht.

- 400 g Zwiebeln
- Tomaten-Sugo (S. 43)
- 10 Sardellen-Filets
- 1 Handvoll schwarze Oliven
- 2 Löffel Kapern
- Olivenöl

Die Zwiebeln in Scheiben auf den Teig hobeln. Den Sugo darauf verteilen. Zerzupfte Sardellenfilets, entkernte halbierte Oliven und die Kapern ebenfalls. Mit Öl beträufeln – vor allem die trokkeneren Zugaben.
Eine dreiviertel Stunde im Ofen bei 200 Grad ausbacken. In mundgerechte Happen schneiden und sehr warm auf dem Blech – vielleicht haben Sie's ja vorher mit einer adretten starken Alufolie ausgelegt – und einem Glas Holzstickers trinkenden Freunden offerieren. Zum Auftakt gereicht, macht es sie durstig, gen Mitternacht stillt es den Appetit. Es ist eine ziemlich „rasse" Sache.

Risi e bisi

Risotto wird gemeinhin als Vorspeise serviert. Ich schätze ihn aber auch als duftende Zwischenmahlzeit für Weintrinker oder als kleines Hauptgericht zu einer frischen Schale herber Blattsalate wie Löwenzahn oder Rucchetta.

1 Streifen Pancetta oder Schinkenspeck
2 Löffel Butter
1 kleine Zwiebel
200 g Rundkornreis (Arborio)
250 g junge Erbsen, tiefgekühlt
Hühnerbrühe
Parmesan, gerieben
Butter
Pfeffer, Salz

Der klein gewürfelte Speck wird in der Butter mit einer fein geschnittenen Zwiebel glasig gedünstet und mit dem trockenen Reis fettglänzend verrührt. Dann kommen die angetauten Erbsen hinzu und es wird Hühnerbrühe aufgegossen. Die können Sie ruhig aus Trockenextrakt mit heißem Wasser bereiten: Sie brauchen etwa die anderthalbfache Menge des Reises und sollten immer nur soviel zugeben, daß der Risotto gerade bedeckt ist. Anfangs einmal durchheben, dann nur noch einziehen lassen. Nach 15–20 Minuten haben die Körner gerade noch einen sanft mehligen Kern. Rasch vom Feuer nehmen, mit der Gabel zwei, drei Löffel Parmesan, einen Klacks Butter, Pfeffer und Salz einziehen. Dampfend zu Tisch bringen.

Risotto alla sbirraglia

Beim venezianischen Risotto nach Schergenart – vielleicht sind's auch nur Hühnerdiebe – wird geschummelt. Eigentlich entbeint man ein junges Huhn und macht aus Gerippe und Klein die Brühe.

3 Löffel Olivenöl
1 Zwiebel, Selleriestange, Karotte
500 g Hühnerbrüste
300 g Reis
1 Glas Weißwein, trocken
3 Tomaten
Salz, Pfeffer
1 Tasse Hühnerbrühe
Butter
Parmesan, gerieben

Fein gehackte Gemüse in Öl glasig dünsten und das in Streifen geschnittene Hühnerfleisch darin kurz anbraten. Den Reis unterziehen, damit er glänzt, und das schmorende Gut mit einem Glas Wein löschen. Wenn es trocken zu werden droht, das gehackte Fleisch der geschälten und entkernten Tomaten mit Salz und Pfeffer unterheben. Nach Bedarf, ca. alle zehn Minuten, immer wieder Brühe angießen.

Mit Butter und Parmesan servieren, die sich jeder nach Belieben zumischt. Ich finde, das ist eine erhebliche Mahlzeit, zu der wenig mehr gehört als schöne Würfel Roter Beete, noch warm und mit einer Vinaigrette überträufelt.

Risotto alla milanese

– ist die traditionelle Beilage zu *ossobuchi alla milanese* (S. 111), paßt aber zu vielen herben Schmorgerichten.

2 Löffel Rindermark

2 Löffel Butter

1 kleine Zwiebel

2 Tassen Arborio-Reis

1 Glas Weißwein

3 Tassen Brühe

2 Prisen Safran

3 Löffel Parmesan, gerieben

Das feingehackte Rindermark wird in einem Löffel Butter ausgelassen und darin die feingehackte Zwiebel angedünstet. Den Reis unter Rühren darin glasig rösten und den Wein eindünsten. Langsam die Brühe zugießen, nach zehn Minuten auch den Safran einrühren.
Sobald der Risotto al dente ist, mit dem zweiten Löffel Butter den geriebenen Käse unterziehen.

Risotto ai frutti di mare

Auch dies ist ein rasches Gericht für den Heimarbeiter. Am besten schmeckt es natürlich, wenn Sie sich beim Spezialhändler eine frische Mischung salziger Meeresfrüchtchen zusammenpicken: *vongole, moscardini, gamberetti*... Aber Sie können auch tiefgekühlte Waren mischen, kalt überduschen und abtropfen lassen. – Oder sich aus den Vorratsdosen zusammenstellen und einfach abgießen.

200 g Meeresfrüchte (Fleischgewicht ohne Schalen): Herzmuscheln, Krabben, Garnelen, Tintenfischchen

2 Löffel Olivenöl

1 Schalotte

2 Tassen Reis

1 Glas Weißwein, trocken

2 Tassen Hühnerbrühe oder Fischfond

Petersilie

Frische Meeresfrüchte müßten Sie in einem gewürzten kleinen Sud rasch aufkochen und aus den Muscheln und Schalen lösen. Dann können Sie mit Sud statt Brühe den Risotto aufgießen.
Die fein geschnittene Schalotte in Öl andünsten, den trockenen Reis einziehen und mit Wein löschen. Nach 5 Minuten *frutti di mare* untermischen und mit dem Sud/Fond/Brühe alles garziehen lassen – zehn Minuten. Mit der Gabel durchlockern, mit gehackter Petersilie bestreuen.

◁ Polenta al forno alla veneziana, S. 51, Form aus feuerfestem Hartporzellan: Küchenprofi

Polenta

Für ältere Zeitgenossen zählt sie zu den gemischten Kindheitserinnerungen. Die dunkelgrünen Kanister mit Maisgrieß lieferten im Nachkriegsdeutschland amerikanische Kalorien, und unsere Mütter kochten daraus einen schwer definierbaren Brei.
Auch in Norditalien ist die Polenta eigentlich ein Arme-Leute-Essen, nahrhaft, aus einem Topf. Oder Beilage für Feinschmecker: *Uccelletti*, am Spieß gebratene Vögelchen werden auf Polenta serviert, *fegato alla veneziana*, in gedünsteten Zwiebeln gebratene Leber wird von ihr begleitet. Sicher ist unter Freunden also der Überraschungseffekt. Wir nutzen ihn mit einer mächtigen

Polenta al forno alla veneziana

300 g Maisgrieß
1 1/2 l Liter Wasser
Kräftig Salz

In einem schweren Kessel oder Kupfertopf wird das Salzwasser aufgekocht und der Grieß in dünnem Strahl unter stetem Rühren mit langem Holzlöffel zugegossen. Eigentlich sollte man so eine dreiviertel Stunde weiterrühren – also zumindest immer wieder, bis die Polenta klümpchenfrei dick und steif wird.
Für den Normalgebrauch würde der Brei jetzt auf eine große (Marmor-)Platte gestrichen, mit einem Faden in Stücke zerteilt und warm mit einem Tomatensugo serviert oder gebacken in der Pfanne als aparte Beilage.
Zu unserem Auflauf gehört ein besonders würziger Sugo.

Sugo:
100 g Pancetta oder Schinkenspeck
2 Löffel Öl
1 gehackte Zwiebel
1 Handvoll gehackte Petersilie, Basilikum und getrockneter Oregano
1 kleine Dose geschälte Tomaten (pelati)
200 g Knoblauchwurst
Reichlich geriebener Parmesan
Ausgelassene Butter

Den gewürfelten Schinkenspeck in Öl auslassen, mit der Zwiebel dünsten, die Gewürze und gehackte Tomaten einrühren, dann die gewürfelte Wurst einköcheln.
In eine gebutterte irdene Form eine Schicht Polenta streichen, darauf eine Schicht Sugo geben und mit Parmesan bestreuen. Und so weiter, obenauf Polenta. Sie wird mit Butter begossen und Parmesan berieselt und 15–30 Minuten bei mittlerer Hitze (je nach Ausgangswärme) gratiniert oder gebacken.
Das füllt einen harten Winterabend bei kräftigem Rotwein und knackigen Mixed Pickles.

Terrine de lapin

2 Kaninchen
2 Hände voll Backpflaumen
2 Glas Rotwein
1 Streifen magerer Rauchspeck
200 g Saucisses oder frische Schweinswürste
1 Ei
Quatre-épices: Pfeffer, Nelken, Zimt, Muskat
Marinade:
1 Flasche trockener Rotwein (Loire)
1 Gläschen Cognac
2 Löffel Olivenöl
1 Zwiebel, Karotte, Knoblauchzehe, Lorbeerblatt
Einige Gewürznelken und Wacholderbeeren
1 Zweig Thymian und Estragon
Große Speckscheiben
Lorbeer und Thymian
Etwas Mehl

Die Kaninchen wiegen etwa drei Pfund und sollten noch ihre Lebern haben. Sie werden zerlegt, doch bleibt das Rückenstück mit den Filets ganz. Alles für 24 Stunden in die Marinade legen.
Die Dörrpflaumen quellen ebensolang im Rotwein.
Jetzt werden die Filets vom Rückgrat gelöst und beiseite gelegt. Alles andere Fleisch von den Knochen trennen und mit den Lebern fein hakken. In einer Schüssel mit dem gewürfelten Speck, Wurstbrät, Ei und zerstoßenen Gewürzen gut vermengen. Die Pflaumen entsteinen.
Nun legen Sie eine gebutterte Terrine (2 l) mit den großen Speckscheiben aus und drücken den Boden mit einer Schicht Fleischfarce aus. Darauf betten Sie Filetstücke und Pflaumen; wieder Farce andrücken und so weiter schichten. Die oberste Schicht ist Farce und wird mit einem Rouladenspieß kräftig durchlöchert und mit Cognac besprenkelt. Ein Glas von der Marinade darübergießen, die durch die Löcher einzieht.
Mit Speckscheiben, Lorbeerblättern und Thymianzweiglein hübsch abdecken, den Deckel aufsetzen. Der Rand wird mit ein bißchen Teig aus Mehl und Wasser abgedichtet.
Die Terrine in ein heißes Wasserbad setzen und bei 180 Grad im Ofen zwei Stunden garen. Dann muß sie abkühlen und durchziehen: Den Deckel abnehmen, ein passendes Holzbrett in die Terrine legen und mit Gewichten beschweren. So bilden sich keine Hohlräume und es wird eine feste Masse, die man gut in Scheiben schneiden kann.
Der Hasentopf muß vor dem Servieren 24 Stunden kühl stehen und hält sich sehr gut.

◁ Terrine de lapin, s. o., Pastetenform: Küchenprofi (Le Creuset)

Rillettes

Das ist ländliche Hausmannskost auf französisch. Sie eignet sich ebensogut für freundliche Überfälle – *Haste nicht auch 'n Happen zu essen?* – wie für familiäre Hungeranfälle, denn man bereitet sie in Mengen und kann sie im Glas und Kühlschrank einige Wochen bewahren... wenn nicht Freunde und Kinder kommen – siehe oben.

1 kg Schweinebauch und -nacken ohne Schwarte und Knochen
1 Knoblauchzehe, mit Salz zerquetscht
1 Bouquet garni
Pfeffer, Salz, Muskat, Nelke

Entweder Sie schneiden das Fleisch sehr ordentlich zu Würfeln und mischen es mit den anderen Zutaten. Oder Sie treiben die ganze Chose durch den Fleischwolf. Auf jeden Fall kommt das Gemenge mit einem Schuß Wasser in einen ofenfesten Caquelon und wird dann 3–4 Stunden bei 150 Grad in der Röhre schmoren. Beim Abkühlen setzt sich das Fett oben ab und versiegelt die Rillettes.
Unter Zusatz von magerem Filet oder Lende wird sie trockener, durch zartes Gänsefleisch edler.
Kalt servieren zu kräftigem Bauernbrot.
Wenn Sie die Rillettes auf einen Mürbeteig (S. 45) streichen und mit einer gewürzten Eier/Sahne-Crème begossen backen, heißt das Ergebnis *Quiche Tourangelle.*

Was schwimmt und kreucht:

Meergetier

Erst ein Blick zurück läßt uns schätzen, was wir gewonnen haben. Freitag bedeutete für uns Binnenländer Fisch, und Fisch hieß in Mutters Küche Filet, gebraten – vom Kabeljau, Schellfisch oder Dorsch. Der Duft schlug durch das ganze Treppenhaus. Manchmal gab's Kartoffelsalat dazu, der war uns Kindern lieber. Ansonsten kannten wir noch Hering in den Variationen von Bismarck bis Bückling; aber bei letzterem waren wir wie beim Rollmops nicht sicher, ob es sich nicht um eine ganz andere Kreatur handle. An Festtagen sah man gelegentlich Karpfen blau, ein Eindruck von erschreckender Größe. Forellen waren etwas ganz Feines, also selten. Ach ja, und „Lachsschnitzel" aus dem Glas und „Tomatenfisch" aus der Dose – die liebten wir so wie meine kleine Tochter Fischstäbchen. Das war's denn auch. Den übrigen Inhalt der Gewässer und Meere kannten wir nur aus Schulbüchern und Aquarien.

Inzwischen sind wir gereist an südliche Gestade: Italien, Spanien, Frankreich, Griechenland… Und nachdem der erste Sonnenhunger gestillt war, der Radius bis in die Karibik und Südsee reichte, gingen wohl auch die Augen auf für das, was da im Meere schwimmt und kreucht und an den Küsten zu Köstlichkeit und Gaumenfreuden bereitet wird.

Die Augen auf – denn es ist ein Augenschmaus, am frühen Morgen oder gen Abend durch die Fischmärkte von Venedig oder Valenzia, Palermo oder Piräus, Marseille oder Malaga zu schlendern, die Körbe und Tische an irgendeinem kleinen Fischerhafen zu prüfen. Glänzende Fischleiber in vielen Formen und Farben, Garnelen und Granate, Krabben und Krebse in allen Größen, possierliche und pittoreske Polypen und Calamares, Muscheln und Mollusken in bizarren Gestalten. Und darüber der Duft nach Salz und Süße, nach Meer und Mahl…

Zum Glück haben Transport- und Kühltechnik mit unserer Horizonterweiterung Schritt gehalten. Die meisten dieser Meeresfische finden wir noch am Tag ihres Fangs auch in den guten Fischläden und Feinkostmärkten unserer Städte. Wolfsbarsch und Goldbrasse, Seezungen und Rotbarben, Drachenkopf und Merlan, Scampi und Gamberi, Langusten und Seespinnen, Seppioline und Octopoi, Mies- und Venusmuscheln. Allein die Namen machen Appetit und wärmen die Küchenphantasie. Sie müssen beim Einkauf nur darauf achten, daß die Haut auch glatt und glänzend ist und das Fleisch fest und hell, die Augen glänzend schimmern und die Schuppen fest sitzen und der Geruch an Meer erinnert – je intensiver, desto frischer.

Die einfachste Methode, Fische, Krebsgetier oder Muscheln aus einem Topf zu servieren, ist natürlich der Sud. Aber Vorsicht! Das Eiweiß des zarten Fleisches flockt bei 70 Grad aus, der Fisch wird trocken und verliert Aroma. Darum dürfen Fische nie in kochendes Wasser, sondern nur in einen vorgekochten Sud, die *court-bouillon,* in der sie bei nahe 70 Grad (das hält man mit dem Finger grad noch aus) garziehen. Noch sicherer gehen Sie, wenn Sie die empfindsamen Kerle in einer gut schließenden Kasserolle auf einem angedünsteten Kräuterbett mit einem Schuß Wein bei leiser Hitze garen oder in der Folie mit Gewürzen im eigenen Saft und Ofen schmoren lassen. Bei der letzten Methode entfaltet sich ihr Eigengeschmack am schönsten, und Sie sollten sie deshalb an feinen Forellen und Brassen und Barschen versuchen. Wählen Sie dafür nicht zu große Exemplare, denn ihre Garzeit ist schwer zu ermessen: Normaliter rechnet man 15–20 Minuten bei 200 Grad. Immer gilt, auch beim Pochieren: Inmitten sollte noch ein rosiger Hauch das Fleisch überglänzen, dann ist der Saft am besten bewahrt.

Optimal für einen Abend mit Freunden: der Fischtopf. Er beschert in einer Brühe den ganzen Wohlduft salziger und süßer Gewässer, den milden Fleischbiß ganz unterschiedlicher Arten, dazu überraschende

◁ Fische für die Bouillabaisse: Rotbarbe und Zackenbarsch im Vordergrund, Suppentopf: Spring

Zutaten und kräftige Beilagen: ein Schlemmermahl auch deshalb, weil niemand hier zu *Lande* diesen Stil erwartet. Scheuen Sie nicht die Mühe – sie lohnt sich. Scheuen Sie nicht die Gräten – damit kommt man prima zurecht, wenn auch der Fingereinsatz bei Tisch für stilgemäß erklärt wird. Weil nämlich alles See- und Flußgetier – natürlich gut geputzt und gewaschen – seine Eigenart am eindrucksvollsten darbietet, wenn es mit Rückgrat und Schale geboten und im Absud seiner Köpfe und Gebeine zubereitet wird.

Schließlich: Es gibt eine Fülle von Gerichten aus des Meeres Früchten, die den unverwechselbaren *goût* jeder einzelnen mit anderen Säften und Aromen zu einem neuen Topf mit Stil vereinen. Dabei entstehen oft kräftige und immer ausgeprägte Speisen in einem Tiegel, einer Pfanne, die zur Ergänzung nicht mehr als gebrochenes oder geröstetes Brot, milden Reis oder trockene Kartoffelschnitten verlangen.
Denn „was schwimmt und kreucht", das ist eine fast Goethesche „Faust"-Regel, erträgt in seinem wässrigen Grundcharakter keine massiven irdischen Elemente neben sich. Eine Dorade zu Sauerkraut ist ebenso inkompatibel wie Languste mit Lammnieren. Ich sag's ja nur, um vor modischen Entgleisungen stellarer Meisterköche zu warnen. Trauen Sie getrost Ihrem eigenen Gaumen, auch wenn Sie meine Vorlieben nicht teilen.

Court-bouillon

1 Flasche trockener Weißwein

1 Zwiebel, Selleriestange, Karotte

Bouquet garni: Thymianzweig, Petersilienstengel, Lorbeerblatt

Knoblauchzehe, Pfefferkörner, Meersalz

Die Gemüse in Scheiben schneiden, Knoblauch und Pfeffer leicht zerdrücken und mit dem Bouquet und einem Löffel Salz im Wein eine halbe Stunde durchköcheln. Den Sud abkühlen lassen, dann den ganzen Fisch oder große Stücke/Scheiben einlegen, erwärmen und behutsam garziehen lassen.
Wenn Sie in einem kräftigeren und reichlicheren Sud Forellen oder Karpfen, Schleien oder Krebsgetier „blau" oder rot garen wollen, verwenden Sie zu gleichen Teilen Wein und Wasser, tun noch zwei Nelken und ein Löffelchen Korianderkörner hinzu und würzen mit einem Schuß Weinessig. Der bewirkt bei sehr frischen Fischen die Blaufärbung ihrer Haut.

Bouillabaisse

Jede selbstbereitete Bouillabaisse wird hinter dem „Original“ zurückbleiben, das Sie in Marseille oder der Provence genossen haben. Einmal, weil es hundert verschiedene „Originale“ gibt, zum anderen, weil Sie den Fisch niemals so meeresfrisch bekommen. Das ist kein Grund, auf die Köstlichkeit zu verzichten, denn auch in unseren Städten erhält man heutzutage ein hübsches „Assortiment“ zumindest tagesfrischer Mittelmeerfische. Nur die tiefgefrorenen Zusammenstellungen sollten Sie für diesen Zweck verschmähen – sie geben den „goût“ nicht mehr her.

2–3 kg Fisch aus dem Mittelmeer wie: Drachenkopf (Rascasse), Seeteufel (Lotte), Petersfisch (St. Pierre), Knurrhahn, Merlan, Goldbrasse (Daurade), Meerbarsch (Bar, Loup)

Olivenöl

2 Zwiebeln, Porreestangen, Tomaten

4 Knoblauchzehen

2 Lorbeerblätter, Fenchel- und Thymianzweige

1 Stück Orangenschale

1 Prise Safran

Die Fische werden sorgfältig geputzt und in kräftige Stücke geteilt; auch die Köpfe kommen, gespalten, des Aromas wegen, in die Bouillon.
Zwiebeln in Scheiben schneiden, Lauch in Ringe, Tomaten vierteln, Knoblauch zerdrücken. In viel heißem Öl und einem großen festen Topf gut andünsten. Dann mit Gewürzen und Orange – noch nicht den Safran! – zehn Minuten köcheln.
Jetzt die Fischköpfe zugeben, unterheben, mit kochendem Wasser bedecken und durchkochen.
Danach erst die Fische mit festem Fleisch einlegen und wieder mit heißem Wasser auffüllen; fünf Minuten später die zarteren Fleischstücke und abermals heißes Wasser aufgießen. Zehn Minuten leise simmern, damit sich die Geschmäcker gut verbinden. Mit Pfeffer und Salz abschmecken und den Safran einrühren.
Jetzt haben Sie zwei Möglichkeiten.
Entweder Sie heben die Fischstücke heraus und servieren sie auf heißer Platte getrennt zu einer Terrine mit der passierten Brühe. Dann kann jeder Gast entscheiden, ob er das nacheinander oder miteinander speist, ob er eine trockene Weißbrotscheibe im Teller mit der Brühe übergießt oder lieber geröstetes Brot dazu nimmt.
Oder Sie servieren das Ganze im Topf mit allen Ingredienzen, und das scheint mir angemessener.
Auf jeden Fall gehört eines dazu, zur Brühe und zum Fisch: die *rouille*, eine scharfe provençalische Knoblauchsauce.

Rouille

3 rote Chilischoten oder Peperoni, getrocknet

4 Knoblauchzehen

1 Scheibe Weißbrot

1 Löffel Fischbrühe oder -fond

1 Täßchen Olivenöl

In einem großen Mörser werden die entkernten und geschnitzelten Chili oder die Peperoni in toto mit den geschälten Knoblauchzehen zur Paste verrieben. Dann das zerbröselte Brot mit einem Löffel heißer Brühe einarbeiten. Und nun wie bei einer Mayonnaise das Öl mit viel Geduld tropfenweise einrühren, damit eine dickliche Emulsion entsteht.
Etwas milder und ergiebiger wird die Sache, wenn Sie mit etwas mehr Brühe noch ein Eigelb vor dem Öl einziehen. Aber warm und frisch muß die Rouille auf den Tisch kommen, sonst verliert der Knoblauch an Delikatesse.

Bourride

Mit diesem Gericht machen Sie es Ihren Gästen leichter und sich etwas mehr Mühe: Es kommen keine Gräten auf den Tisch. Das macht den Erfolg sicherer. Statt der Rouille sorgt hier eine *aïoli* für die Würze.

2 kg Fische: Meeraal (Congre), Seeteufel (Lotte), Meeräsche (Mulet), Katfisch (Loup), Seehecht (Colin), Rochen, Rotbarsch
Olivenöl
2 Zwiebeln, Selleriestangen
1 Flasche trockener Weißwein
1 Liter heißes Wasser
4 Kartoffeln, mehlig kochend
1 Bouquet garni: Lorbeer, Petersilie, Thymian

Die Fische putzen, häuten und mit Kopf entgräten und in grobe Stücke teilen. Oder Ihr Händler erledigt das für sie.
Auf jeden Fall brauchen Sie Kopf, Gräten und Abfälle, denn die werden in dem klein geschnittenen Gemüse in Öl angedünstet, mit Wein und Wasser und einer gewürfelten Kartoffel und dem Bouquet 20 Minuten durchgekocht. Unterdes bereiten Sie die Aïoli-Sauce (nebenstehend).
Den Absud mit Nachdruck durch ein Sieb streichen, denn der Sud soll schön sämig sein.
Deshalb setzt man ihn in einem großen Caquelon zunächst mit den grob gewürfelten restlichen Kartoffeln auf. Nach zehn Minuten kommen die festeren Fischteile hinzu, nach 15 Minuten die zarteren. Fünf Minuten später sind sie so weich, daß man Fisch und Kartoffeln mit der Schaumkelle heraushebt und warm stellt. Die Suppe wird kräftig aufgekocht und reduziert, dann mit einem Löffel Aïoli verrührt.

Anders als bei der Bouillabaisse meine ich hier, man müsse es mit Moltke halten: Getrennt marschieren, aber vereint schlagen.
Die Fischstücke werden heiß auf Teller verteilt – damit auch jeder die gleiche Bataille schlägt – und mit der Bourride aus der Terrine überlöffelt. Für die nötige Durchschlagskraft sorgt eine Salve aus dem Mörser Aïoli, der auf dem Tisch nicht fehlen darf.

Aïoli

6 Knoblauchzehen
grobes Meersalz
2 Eigelb
1 Täßchen Olivenöl
Zitronensaft

Geschälten und zerschnittenen Knoblauch mit körnigem Salz zerstampfen. Mit handwarmem Eigelb zur Paste verrühren. Olivenöl tropfenweise einrühren. Mit wenig Zitronensaft nach Geschmack würzen und zimmerwarm servieren.

Fisch-Kasserolle mediterraneo

Klingendere Namen stehen zur Auswahl: *Cacciucco* heißt der Topf in Livorno, *Cassóla* auf Sardinien. Entscheidend ist die Auswahl an Meeresfrüchten, kennzeichnend der tomatenhaltige Sugo. Das Talent von Koch oder Köchin zeigt sich darin, die unterschiedlichen Zutaten so einzulegen und zu garen, daß ihr Fleisch bei Tisch noch Biß und Geschmack hat.

2 kg Meeresfrüchte: Tintenfische, Seppioline; Seeaal, Brassen, Barben, Merluzzo; Garnelen und Cinghiali; Kamm- und Herzmuscheln…
2 Täßchen Olivenöl
4 Knoblauchzehen
2 getrocknete Peperoni
2 Schalotten
1 Selleriestange, Möhre, Petersilienbüschel
2 Glas Weißwein
1 kg Tomaten

Alles Meergetier waschen, putzen und die größeren Fische in Stücke, die Calamares in Ringe schneiden. Ein Täßchen Öl mit zwei Knoblauchzehen und den Peperoni erhitzen und die Tintenfischringe und Minikraken darin andünsten, mit Wein löschen und mit den geschälten, entkernten Tomatenstücken 20 Minuten durchköcheln.
In einer zweiten Kasserolle schmort jetzt die andere Hälfte des Öls mit dem gehackten Gemüse zum Bett, auf dem die Fische gleich ruhen werden und mit dem anderen Glas Wein unter dem Deckel garziehen sollten.
Sie werden herausgenommen, von Gräten und Kopf gelöst und unter Alufolie warm gestellt. Die abgelösten Gräten etc. wandern zurück in die Kasserolle und kochen dort mit einer Tasse Wasser oder Fischfond 15 Minuten durch.
Dieser Sud wird durch ein Sieb gestrichen und in der Kasserolle wieder erhitzt. Es dauert keine fünf Minuten, bis die Krusten- und Schalentiere darin gar geköchelt sind.
Dann setzen Sie die Fischstücke auf, gießen die Pfanne mit Tintenfisch/Tomaten-Ragù darüber und kochen einmal rasch auf, ehe der heiße Topf auf den Tisch kommt.
Mit knoblauchkrossem Toast, Fingerhilfe und Servietten servieren.

Cotriade

Dieser Fisch/Kartoffel-Topf aus der Bretagne hat den preiswerten Vorteil, daß er mit einer Auswahl von festen und zarten Fischen aus Atlantik wie Nordsee und ohne größeren Aufwand zu bereiten ist. Auf jeden Fall springen zwei Gänge aus einem Topf: Die Fisch-Brühe und ein Fisch/Kartoffel-Teller zu einer raschen Vinaigrette.

- 2 kg Fisch: Meerbrasse, Seeaal, Kabeljau, Seehecht, Knurrhahn, Makrele
- 3 Löffel Butter
- 3 Zwiebeln und weiße Lauchstangen
- Wasser oder Fischbrühe
- 6 Kartoffeln
- Bouquet garni und Pfefferkörner

Die Fische werden wieder geputzt, geköpft und zerstückelt.
Die geschnitzelten Gemüse in der Butter glasig dünsten, die Fischköpfe unterziehen und mit anderthalb Litern Wasser oder Fischbrühe aufgießen. Die Kartoffeln in dicken Scheiben, die Pfefferkörner gequetscht und ein großes Bouquet zufügen; eine Viertelstunde sieden.
Die Fischstücke je nach Garzeit einlegen und sanft köcheln: Nach 15 Minuten ist alles fertig. Fisch und Kartoffeln werden mit dem Schaumlöffel in eine vorgewärmte Terrine gegeben, die Brühe durch ein Sieb dazugegossen. Mit Pfeffer und Salz abschmecken.

Vinaigrette dazu reichen, gut gemischt und angesetzt:

- 2 Löffel gehackte Schalotten
- 2 Löffel Apfelwein-Essig
- Gehackte Petersilie und ein paar Tropfen Öl

Zarzuela

- 500 g Tintenfisch
- 500 g Schwertfisch oder Seehecht
- 500 g Muscheln
- 500 g Garnelen, Gambas
- 1 Täßchen Olivenöl
- 2 Zwiebeln und Knoblauchzehen
- 500 g Tomaten
- 1 Peperoni
- 2 Glas Weißwein
- 1 Tasse Fischfond
- 1 Gläschen Brandy
- 1 Handvoll Kräuter: Thymian, Basilikum, Oregano
- Pfeffer und Salz
- 1 Handvoll schwarze Oliven

Tintenfisch putzen und in Ringe und Tentakel zerlegen, den Fisch in kräftige Happen. Die Muscheln – ruhig verschiedene Sorten – tüchtig schrubben. Die Gambas bleiben des Geschmakkes wegen ganz und werden bei Tisch geknackt.
Zwiebeln und Knoblauch gehackt in Öl andünsten und die Kalamares sehr heiß darin anschmoren. Das Fleisch der geschälten und gehackten Tomaten mit der Pfefferschote hinzugeben und etwas einköcheln. Jetzt Wein und Fond, Brandy und Kräuter einrühren und mit Pfeffer und Salz würzen.
Fisch, Garnelen und Muscheln einlegen. In spätestens 10 Minuten sind sie gerade gar. Dann streuen Sie nur noch die Oliven ein und bitten zu Tisch.
Zarzuela heißt katalanisch Singspiel: Sie können also durchaus eigene Noten komponieren.

Zarzuela, s. o., Form: Kuchenprofi ▷

Hamburger Aalsuppe

Eigentlich ist das auf gut norddeutsch eine „aahl-Suppe", in der *alles* drin ist, was die Speisekammer hergibt: Von Fisch und Fleisch und Huhn über Obst und Gemüse bis zu Kloß und Kräutern. Damit der Aal nicht gänzlich untergeht, lasse ich wenigstens das Kilo Rindfleisch weg, das man sonst in der Brühe mitkocht und dem fertigen Gemisch zuschneidet. Arbeit bleibt auch so genug für einige Stunden. Und die Herdplatten werden voll genutzt. Nur: Am Ende landet *aahl* (nasal gesprochen!) in einem gewaltigen Topf, für den Sie sich von 6–8 Gästen gewaltig feiern lassen sollten. Vorausgesetzt, Sie haben das Grundgesetz erfüllt. Am Ende müssen auch alle Bestandteile die ihnen angemessene Konsistenz haben, dürfen nicht zerfallen und vermanschen. Fisch bleibt Fisch und Pflaume Pflaume.

250 g Dörrpflaumen ohne Stein
200 g getrocknete Apfelringe
100 g getrocknete Birnenschnitze
1 Schinkenknochen, zersägt
500 g Hühnerklein evtl. tiefgefroren
Suppengrün: Sellerie, Petersilienwurz- und -stengel, Möhre, Lauch
Lorbeerblatt und Pfefferkörner, zerdrückt
1 kg Saisongemüse: Erbsen, Möhren, Spargel, Broccoli, Blumenkohl...
1 kg Aal
Schwemmklößchen:
1 Tasse Wasser
1 Löffel Butter
1 Tasse Mehl
2 Eier
Salz und Muskat
2 Glas Weißwein und etwas Zitronenschale
Essig, Zwiebel, Lorbeer, Piment- und Pfefferkörner, eine Prise Zucker und Salz

Es geht schon am Tag vorher los. Das Dörrobst wird eingeweicht und auch der Schinkenknochen gewässert, natürlich separat. Am Stichtag sollten Sie sich drei Stunden freihalten.

Der Knochen wird mit Hühnerklein in gut zwei Liter Wasser aufgekocht und simmert mit dem Suppengrün, Pfeffer und Salz so zwei Stündchen vor sich hin. Den Schaum sollte man abschöpfen, er macht die Brühe trübe.

Während dieser Zeit schneiden Sie die hübsch geputzten Gemüse in Mundhappen, enthäuten und zerteilen den Aal zweifingerdick in Scheiben.

Und Sie bereiten die Schwemmklößchen: Die Tasse Wasser mit Butter aufkochen, eine Prise Salz mit dem Mehl zuschütten und kräftig rühren, bis sich ein Klumpen bildet. Der Topf kommt vom Feuer, die Masse kühlt ab und wird mit den Eiern gut verrührt und mit Salz und Muskat gewürzt. Mit einem Löffelchen stechen Sie Klößchen ab, die binnen zehn Minuten in siedendem Wasser garziehen. Herausnehmen und abtropfen lassen.

Nun wird das abgetropfte Obst in Wein mit Zitrus-Appeal gekocht – aber fest muß es bleiben. Und schließlich lassen Sie die Aal-Stücke in einem kleinen Essig-Sud mit den Gewürzen garziehen.

Inzwischen ist die große Knochenbrühe kräftig geworden, wird durch ein Sieb gegossen und wieder erhitzt, damit Sie nacheinander die feinen Gemüse darin knackig sieden.

Und nun wird komponiert in einer riesigen warmen Terrine: Auf den Boden kommen die Aalstücke. Darüber das Obst mit seinem Saft. Darauf die Brühe mit den Gemüsen. Und zuletzt die Schwemmklößchen. Für die Krönung sorgt eine Handvoll gehackter Aal-Kräuter: Schnittlauch, Petersilie, Kerbel, Estragon, Thymian...

Elsässer Fischtopf

Auch aus Flußfischen läßt sich ein hervorragendes Ragout bereiten, wenn man die etwas kräftigeren wählt: Aal, Barsch, Schleie, Quappe.
Die „Matelote“ wird in Frankreich auch mit Rotwein gegart.

2 kg Süßwasserfische
3 Karotten, Lauchstangen, Zwiebeln
2 l Wasser
Bouquet garni und Muskat
1 Flasche Riesling
150 g Butter
2 Löffel Mehl
1 Becher Crème fraîche
3 Eidotter
Pfeffer und Salz

Die gehackten Gemüse werden in reichlich Wasser mit den Gewürzen eine Stunde zum Sud gekocht. Unterdessen die Fische putzen und in Stücke schneiden.
Den Sud abseihen, mit dem Wein aufkochen und die Fischstücke darin etwa 15 Minuten garziehen lassen. Herausnehmen und warmstellen.
Die Brühe heftig kochen und um die Hälfte reduzieren.
Mit der Hälfte der Butter und Mehl bereiten Sie eine lichte Mehlschwitze. Durch ein Sieb unter ständigem Rühren die reduzierte Flüssigkeit zugießen, langsam zum Kochen bringen und so lange simmern lassen, bis sie eindickt.
Crème und Eigelb verrühren und etwas heiße Sauce dazu. Dann das Ganze zurück in den Topf und erhitzen, aber nicht mehr kochen!
Vom Feuer nehmen, die übrige Butter einziehen und mit Pfeffer und Salz abschmecken. Die Sauce über die warme Fischterrine geben und auftragen.
Zwiebelchen, Pilzköpfe und Schinkenwürfel, die Sie eingangs im Sud sautiert haben, sind eine kontrastvolle Zugabe.

Fisch in der Folie

Die naturbelassene Art, Fisch zu bereiten: im eigenen Saft und Dampf, unterstützt durch Kräuteraromen. Naheliegend bei „Portionsfischen“, die nicht mehr als 300 Gramm wiegen: Lachsforelle, kleine Barsche und Brassen...
Ein Fisch, eine Folie, ein Esser.

6 Portionsfische
Pfeffer, Salz
Öl
Petersilie, Thymian, Rosmarin oder Salbei

Jeder Fisch wird gut geputzt, gewaschen und getrocknet und mit Öl eingepinselt. Etwas Pfeffer und Salz darüber, ein Händchen voll gehackter Kräuter und die Folie darüber schließen: sehr fest, den Rand mehrfach umschlagen und festkniffen. Im vorgeheizten Ofen auf einer Platte bei 220 Grad etwa eine halbe Stunde garen. Die Folie wird erst auf dem Teller geöffnet. (Aber bei einem Exemplar sollten Sie doch zuvor durch Flossenzug prüfen, ob er gar ist!)

Branzino ai caicio

Keine Regel ohne Ausnahme. In einer Triestiner Trattoria tischte man einen kiloschweren Wolfsbarsch in der Folie auf, der jeden „Loup en fenouil“ vergessen ließ. Die einfache Idee: Der Branzino wurde auf dem Grill beidseitig befeuert und garte dann in der Folie mit Petersilie und Knoblauch, Butter und Öl, Pinot grigio und Stravecchio in einem Steinofen. Ich hab's probiert – es funktioniert auch mit Karpfen im Herd.

Thun im Topf

500 g Tomaten
1 Handvoll schwarze Oliven
Petersilie und Basilikum
1 Löffel Kapern
4 Scheiben Thunfisch
Salz
1 Täßchen Olivenöl

Die Tomaten häuten, entkernen und grob schneiden. Oliven entsteinen und halbieren. Reichlich Kräuter feinhacken und alles mit den Kapern vermengen.
Thunfisch waschen, trocknen, salzen und nebeneinander in einen Caquelon betten, der mit der Hälfte des Öls ausgegossen ist. Das Tomaten-Ragù auf dem Fisch verteilen und mit dem übrigen Öl beträufeln.
Im Ofen bei 200 Grad eine knappe Dreiviertelstunde garen. Schmeckt warm wie kalt.

Gußeiserne Form: Le Creuset (Küchenprofi)

Fisch auf Gemüsebett

Das ist die feine Art, kiloschwere Prachtkerle fein gedünstet in vollem Ansehen auf den Tisch zu bringen: Barsch oder Dorsch, Hecht oder Karpfen. Lassen Sie das Tier beim Händler ausnehmen und schuppen – aber nicht köpfen.

Ganz nach Geschmack können Sie natürlich die Gemüsemenge erhöhen, durch frische Möhren, Erbsen, Champignons ergänzen. Dabei müssen Sie nur abwägen, wie gut der Eigengeschmack des Fisches noch zur Geltung kommt und wie der der Gemüsestückchen – also die letzteren erst mit dem Fisch in den Topf.

1 großer See- oder Teichfisch (1–1,5 kg)
1 Täßchen Öl
1 Porree- und Selleriestange
2 Zwiebeln
1 Knoblauchzehe
4 Tomaten
3 Glas trockener Riesling
1 Prise Safran
Pfeffer und Salz
1 Bouquet garni

Den Fisch gut waschen und innen wie außen mit Salz einreiben.
In einem ovalen Fischtopf oder Bräter Öl erwärmen, Porree-, Sellerie- und Zwiebelringe mit der zerquetschten Knoblauchzehe darin weich dünsten. Tomatenfleisch – also geschält und entkernt – daraufgeben und ein wenig anschwitzen. Wein angießen und mit Safran, Pfeffer und Salz gewürzt 20 Minuten sachte garen.
Nun setzen Sie bäuchlings den Fisch darauf, bedecken ihn mit den Kräutern und setzen den gut schließenden Deckel auf. Er dünstet bei leichter Hitze, damit er nicht zerfällt.
Nach 20 Minuten durch Zupfen an der Rückenflosse prüfen: Löst sie sich schon, ist er gar?
Wenn ja: Vorsichtig auf eine heiße Platte heben, Kräuter entfernen, mit dem Gemüse umgeben und den Sud darübergießen. Fertig.

Rougets à la bonifacienne

Zu den feinsten Fischen felsiger Mittelmeerküste zählen die Meerbarben: Rouget oder Triglia. Sie werden im Ganzen gegrillt oder in der Pfanne serviert – nur Kiemen und vor allem Schuppen muß man vorher sorgfältig entfernen. Das gilt natürlich nur für die ganz frischen Fänge, die tiefgekühlten muß man ausnehmen.

6 Meerbarben (je 200 g)
6 Anchovisfilets
3 Knoblauchzehen
3 Löffel Olivenöl
Petersilie und Pfeffer
3 Tomaten
Butter und Semmelbrösel

Anchovis und Knoblauch im Mörser zerstoßen und mit Öl, gehackter Petersilie und Pfeffer unter das Fleisch der geschälten Tomaten mischen.
Die Rougets in eine gebutterte Form setzen, mit der Mischung bedecken und Semmelbrösel daraufstreuen.
Bei 200 Grad eine halbe Stunde im Ofen backen.

Fisch im Ofen

Die Gefahr ist, daß Ihnen große Fische in der Ofenhitze austrocknen. Ein probates Mittel dagegen ist, sie vorher mit Öl zu marinieren; das andere, sie im Ofen öfter mit Öl oder öliger Sauce zu bepinseln. Sie können sie dann mit einer würzigen Paste bestrichen oder mit Kräuterfüllung oder auf Gemüse zurichten, sollten der Bratpfanne aber immer etwas Flüssigkeit zufüllen – sprich Weißwein mit Cognaczusatz.

1 Kilofisch: Kabeljau, Schellfisch, Merlan
Salz
1 Täßchen Olivenöl
6–8 Anchovisfilets
6 Wacholderbeeren
Semmelbrösel

Der ausgenommene und geschuppte Fisch wird längs des Rückgrates ein wenig aufgeschnitten, rundum gesalzen und auf einer Platte mit Öl übergossen, in den nächsten zwei Stunden öfter gewendet.
Im Mörser verarbeiten Sie Anchovis und Wacholder zur Paste. Sie wird mit dem Marinadeöl verrührt. Der Fisch wandert auf der ofenfesten Platte in den Ofen, nachdem er mit Semmelbröseln bestreut und der Marinade übergossen wurde. Gut eine halbe Stunde braucht er bei 200 Grad, und Sie dürfen nicht vergessen nachzuschauen, ob er an der Oberfläche auch ölig/saftig genug bleibt, ehe er knuspert. Denn dann sollte er mit seiner Sauce beträufelt auf einer Platte gereicht werden.

Acciughe in costoletta

Acciughe sind ganz einfach Sardellen: ziemlich billig, aber sehr frisch und etwas aufwendig.

700 g Sardellen
2 Eier
Semmelbrösel
1 Flasche Sonnenblumenöl zum Fritieren

Sardellen aufschneiden, ausweiden und vom Schwanz her das Rückgrat mit dem Kopf auslösen, indem Sie mit zwei Fingern links die Filets festhalten und rechts die Gräte wegziehen – für Linkshänder: umgekehrt.
Die gespaltenen Fischlein mit der Handfläche platt drücken. Jetzt liegt's an Ihnen: Zwei mit der Innenfläche aufeinanderlegen – dann wird's fleischiger. Oder jedes Kotelettchen einzeln – dann wird's knuspriger.
Denn diese Ein- oder Doppeldecker bepinseln Sie jetzt mit den verquirlten Eiern und wenden sie in Semmelbröseln. Dann tauchen sie, am Schwanz versenkt, in das siedende Öl. Binnen drei Minuten sind die Costolette knusprig, tropfen auf Küchenkrepp im warmen Ofen ab und werden auf heißer Platte mit Zitronenschnitzen serviert.

Pesce persico alla salvia

Das klingt italienisch so hübsch wie zu deutsch nie: Flußbarsch mit Salbei, doch schweizerisch schon: Egli. Meist findet man sie filetiert auf der Karte – wegen der Gräten. Doch, wie hier gebakken, lösen sie sich leicht – und das Fleisch behält seine ganze duftige Zartheit.

- 6 Portionsbarsche
- Mehl
- 2 Eigelb und etwas Mineralwasser
- Semmelbrösel
- Öl zum Ausbacken
- 2 Löffel Butter
- 1 Bündel frischer Salbei

Den ausgenommenen und geschuppten Barschen werden auch noch die Flossen abgeschnitten, ehe man sie wäscht und salzt, innen und außen. Davon müssen sie sich eine halbe Stunde erholen, ehe sie in Mehl gewendet, durch die verquirlten Eidotter gezogen und in Semmelbrösel gewälzt und abgeschüttelt werden.
In einer Pfanne mit reichlich heißem Öl sind sie, einmal gewendet, binnen weniger Minuten durchgebacken und warten auf Krepp und warmer Platte.
Denn jetzt schwenken Sie in heißer Butter die trockenen Salbeiblätter, die ganz knusprig bräunen, und geben diese aromatische Krönung über die „persischen“ Fische. (Aber vergessen Sie nicht, zuvor das Krepp-Papier von der Platte zu ziehen.)

Fischfilets unter Senfsauce

Das ist ein rasches Mahl, das sich besonders bei Meeresfischen mit feinerem Fleisch bewährt: Merlan, Nasello, Brassen. Der Trick dabei: Die Filets dürfen nur an-, nicht durchbraten, denn Sie müssen noch die Sauce reduzieren und dann gratinieren.

- 3 Löffel Butter
- 4 Schalotten
- Petersilie
- 750 g Fischfilets
- Pfeffer und Salz
- 1 Löffelchen Dijon-Senf
- 1 Glas Weißwein, trocken
- 3 Löffel Crème fraîche
- Zitronensaft

In einer großen flachen Pfanne (Paella!) einen Löffel Butter auslassen und gehackte Schalotten und Petersilie einstreuen.
Die Fischfilets auflegen, pfeffern und salzen. Senf mit Wein verrühren und darübergießen, mit einem Löffel flüssiger Butter beträufeln. Mit Alu-Folie abdecken und im vorgeheizten Backofen bei 200 Grad höchstens zehn Minuten durchziehen lassen.
Pfanne rausnehmen, Filets abheben und auf einer feuerfesten Platte im offenen Ofen warten lassen.
Den Saft in der Pfanne ganz schnell reduzieren, ohne Hitze den letzten Löffel Butter, die Sahne und etwas Zitronensaft einziehen. Über die Filets verteilen und unterm Grill fünf Minuten gratinieren.

◁ Fisch auf Gemüsebett, S. 70, Fischkessel: Spring

Krabben in Apfelwein

Das Rezept stammt, wen wundert's, aus der Bretagne, wo der Cidre zu Hause ist. In seinem Sud entfalten die kleinen Crevettes oder Shrimps ein würzigeres Aroma. Sie werden bei Tisch aus der Schale gepuhlt.

- 1 Flasche Cidre, trocken
- Pfeffer und Meersalz
- 1 l Wasser
- 1 kg frische Garnelen

Den Cidre aufkochen und kräftig würzen, die rohen Tierchen hineingeben und soviel Wasser aufgießen, daß sie gerade bedeckt sind. In fünf Minuten sind sie schon gar und werden heiß im Topf aufgetragen, aus dem sich jeder bedient. Bauernbrot und salzige Butter dazu.

Nicht nur für dieses Rezept, sondern für alle suppigen Gerichte, die bei Tisch gut heiß bleiben sollen, ist ein Topf mit passendem Rechaud ideal. Der Tisch & Party Topf von Silit, den wir auf dem umseitigen Rezeptbild zeigen, ist dafür ein gutes Beispiel; auch aus einem zweiten Grund: Cidre oder Wein als Garflüssigkeit enthalten bekanntlich Säure, die beim Erhitzen das Material angreifen könnte. Das neue Kochtopfmaterial Silargan ist jedoch so resistent und glatt wie Glas und daher gegen Speisesäuren unempfindlich. Außerdem hat es eine nickelfreie Oberfläche (für Nikkelallergiker von Bedeutung). Silargan brät besonders knusprig, da es innen dunkel ist, es ist pflegeleicht zu handhaben, kratz- und schlagfest und daher vielseitig verwendbar.

Muscheln in Weißwein

Ich mag den herb-süßlichen Muschelsud, ich schätze zu ihrem Fleisch aber auch einen cremigen Überzug. Hier produzieren Sie beides nebeneinander.

- 2 kg frischeste Miesmuscheln
- 1 Flasche Muscadet
- 1 Bouquet garni
- 1 Löffel Butter
- 4 Schalotten
- 1 Knoblauchzehe
- 1 Becher Crème fraîche
- 3 Eidotter
- Cayennepfeffer und Curry

Die Muscheln gründlich bürsten und die offenen gleich wegwerfen. Weißwein mit dem Bouquet aufkochen und die Muscheln darin heftig dämpfen, bis sie sich öffnen. Herausnehmen – dabei werfen Sie die weg, die sich *nicht* geöffnet haben! – und in *zwei* Terrinen warmhalten. Der Sud kocht weiter ein.

Inzwischen dünsten Sie in der Butter gehackte Schalotten und Knoblauch glasig und füllen mit 1–2 Schöpflöffel Sud auf. Sahne und Eigelb werden separat verquirlt und mit einer Prise Cayenne und etwas mehr Curry gewürzt. Den Schalotten-Sud ziehen Sie nun vom Feuer und rühren vorsichtig, damit nichts gerinnt, die Crème ein.

Über eine Terrine seihen Sie nun den restlichen Weinsud, über die andere die Sahne-Sauce.

Nach dem ersten Versuch wissen Sie, nach welcher Façon Ihre Freunde in Zukunft selig werden wollen.

Flußkrebse in Champagner

Wenn Sie einmal wirklich schöne lebendige Edel- oder Galizierkrebse auftreiben, ist dieser Fund jeden Aufwand wert. Die Krebse sollten noch zu Hause 24 Stunden unter fließendem Wasser im Bassin krabbeln (zur Reinigung) und je 50–60 Gramm schwer sein. Und der Zubereitungs-Sekt sehr gut, zumindest „à la champenoise“, sein.

- 36 Flußkrebse
- 2 Löffel Butter
- 4 Schalotten
- 1/2 Flasche Champagner
- 1 Becher Crème fraîche
- Cayennepfeffer
- 1 Händchen Estragonblätter, gehackt

Die lebenden Krebse rasch in kochendes Wasser werfen. Da werden sie tot und rot und gleich wieder herausgefischt. Die mittlere Schwanzflosse herausbrechen und mit dem schwärzlichen Darm herausziehen.
In der Butter gehackte Schalotten andünsten und mit Champagner ablöschen. Etwas köcheln und die Krebse hinzugeben; binnen fünf Minuten sind sie gargezogen und werden herausgenommen und warmgestellt.
Jetzt geschwind den Sud auf die Hälfte reduzieren, die Crème einrühren und eindicken, mit Cayenne schärfen, über die Krebse gießen und mit Estragon dekorieren.

Tintenfisch in Wein und Tomaten

Calamaretti in umido sind einfach zu bereiten und auch warm auf dem Sommerbuffet erfrischend. Freilich sollten Sie nicht die geputzten Mäntel der Tintenfische kaufen, die schon Feuchtigkeit einbüßten, sondern frische ganze Stücke vom Eis. Da muß man das Innere, Tintensäckchen, Maul und Augen entfernen, die grauviolette Haut abziehen und gründlich waschen.

- 750 g Tintenfische
- Olivenöl
- 1 Zwiebel und 2 Knoblauchzehen
- 1 Glas Weißwein, trocken
- 500 g Tomaten
- Zucker und Salz
- Petersilie und Thymian

Größere Tintenfische in Ringe schneiden. Die kaum daumengroßen wie Seppiolini oder Moscardini können ganz bleiben, weil sie sehr zart sind und nur kurze Garzeit vertragen.
Gehackte Zwiebel und Knoblauch in reichlich Öl gilben. Tintenfische zugeben und heiß andünsten. Mit Wein löschen und ein wenig einköcheln, ehe das gehackte Fleisch der geschälten und entkernten Tomaten hinzukommt. Mit einer Prise Zucker und Salz an die 30 Minuten schmoren. Zum Schluß die frisch gehackten Kräuter einziehen.
Wenn Sie noch eine Handvoll schwarze Oliven, Pinienkerne und Rosinen beimischen, dürfen Sie das Gericht *Calamaretti alla siciliana* nennen.

◁ Krabben in Apfelwein, S. 75, Tisch & Party Topf: Silit

Fritto misto di mare

Die fritierte Mischung aus dem Meer, duftiges Kernstück mancher Urlaubserinnerung, sollte wirklich das Allerlei der Meeresfrüchte bieten. Höchstens fingerlange Fischchen von Sardellen bis zu Babygrößen der Triglie und Barben, kleine Garnelen (größere schälen) und winzige Tintenfische, die großen in Ringen und Tentakelkranz. Und alles natürlich tagesfrisch.

- 1 kg Meeresfrüchte
- Mehl
- Olivenöl zum Fritieren
- Zitronen, Petersilie

Die ganzen Tierchen gut waschen und sehr gründlich abtrocknen. Dann in einer Schüssel mit Mehl wenden und portionsweise in einem Sieb das überflüssige Mehl abschütteln und gleich in sehr viel heißem Öl schwimmend goldgelb backen. Auf Küchenkrepp abtropfen lassen und auf heißer Platte servieren.
Besonders attraktiv und würzig ist das, wenn Sie nicht nur Zitronenspalten, sondern auch kroß fritierte Petersilienstengel dazu reichen.

Scampi am Spieß

Was man unter diesem Namen verkauft, sind in der Regel keine Scampi, nämlich die Hummerverwandten Kaisergranate, sondern Tiefseegarnelen, Prawns, chilenische Langostinos oder Heuschreckenkrebse. Mich ärgert dieser Etikettenschwindel immer wieder, denn ausgewachsene Scampi – nicht diese fleischarmen Babyfänge, die jedes Jugendgesetz verletzen – besitzen eine ganz eigene kompakte Saftigkeit.
Damit ist viel über Gastronomen und Händler gesagt, aber nichts gegen all die köstlichen großen Garnelen, Prawns, Gamberoni, Gambas und Cingale, die sich wie Scampi gerötet am Spieß darbieten.

- 1 Kilo Scampi oder große Garnelen
- Olivenöl, Pfeffer und Salz, Knoblauch und Petersilie

Die gewaschenen Krebstiere, handlang, stecken Sie auf Portionsspieße. Mit weniger als fünf bis sechs Exemplaren wird keiner Ihrer Freunde zufrieden sein. Sie bestreichen die Rationen großzügig mit gepfeffertem und gesalzenem Öl und legen die Spieße frei über die Ränder einer Form, die das abtropfende Gut auffängt. So können die Stücke ruhig eine Stunde warten, bis alle Gäste da sind. Denn unter dem Grill werden sie jetzt bei mehrfachem Wenden in höchstens 20 Minuten gar. Das Ölschälchen stellen Sie, mit gehackter Petersilie und Knoblauch verrührt, zur Benetzung des ausgeschälten Fleisches auf den Tisch. Dazu genügt frisches Weißbrot zum Auftupfen – des Pfannensatzes wie der Tellertropfen.
Zitrone beeinträchtigt nach meinem Gusto den Krebsgeschmack; ist aber gut zum Fingerputzen.

Tintenfisch in Wein und Tomaten, S. 78, Stielkasserolle: Spring ▷

L'ASSISTENZA
FRUTTA E VERDURA
DROGHERIE
MINIMARKET
LATTERIE-FORMAGGI
MACELLERIE
IRELAND
SPAIN

aperto al traffico

Aus Hof und Flur:

Geflügel und Wild

Genau betrachtet ist das ziemlich gleich. Unser Hausgeflügel *wild,* so es noch umher rennen, flattern und paddeln kann; unser Wild *gezähmt,* so gepflegt und geputzt sind unsere Wälder und Fluren. Ich schätze, sie haben vor ein-, zweihundert Jahren noch ganz anders, eigen-artiger geschmeckt, als sie noch in eigenen Lebensräumen ihr Futter suchen mußten, nicht aus Körner- und Kastaniensäckchen bedient wurden, nicht auf bedüngten Fluren, bereinigten Rainen und begradigten Auen pickten und ästen, auf die säuerlicher Regen hernieder geht.

Aus Wald und Steppe jedenfalls stammen sie alle. Unser Haushuhn wurde vor 4000 Jahren im Industal als *Gallus gallus* aus dem Dschungel geholt und gehört zur Fasanenfamilie. Der Stockente beschnitt man vor 1000 Jahren die Flügel und machte sie zur Hausente. Der Truthahn und seine Pute machten zwei- oder dreimal die Reise über den Ozean: Von Mexiko nach Spanien, von England nach Nordamerika – und von da wohl wieder zurück in deutsche Putenfarmen. Kaninchen, Hasen, Rehe, Wildsäue – nun ja, die haben sich rapide vermehrt, als aus Steppen Felder und aus Dschungel Wälder wurden. Recht betrachtet sind sie alle also heutzutage Kulturprodukte.

Und nun das Positive: Sie haben ihre wilde Herkunft eben doch bewahrt. Ich rede nicht von dem Batteriegezücht der Hendlsilos; das kann man allenfalls als Trokkenfutter in Hungersnot bezeichnen und primär als Tierquälerei. Aber ein Huhn, das noch im Sande scharrt, ein Fasan, der noch über Felder streicht, ein Kaninchen, das noch durch Furchen hoppelt, ein Reh, das noch am Waldrand lurt – die sind und schmecken eben anders als Stallvieh. Zarter, milder, trockener, saftiger, herber, würziger – anders. Sie sind, immerhin, noch kein Kunstprodukt, das nach Fettanteil und Wassergehalt, Rippenzahl und Schinkengröße, Milchproduktion und Wochenfristen gezüchtet wird.

Was lehrt uns das? Man muß einen guten Händler von Wild und Geflügel finden, durch den man langsam lernt und schmeckt, worauf zu achten ist. Denn was er anbietet, hat mit den Auslagen in Gefriertruhen und Supermärkten außer dem Namen wenig gemein. Geflügel ist nicht länger als ein, zwei Tage frisch, Karnickel und Hase sollen nicht mehr als zwei, drei Tage liegen, Rebhuhn und Fasan können eine Woche hängen, Wachteln gar nicht. Und wenn Sie das gegessen haben, vergessen Sie gefrostetes Getier; aber Sie bekommen auch einen Blick und Griff dafür, welche Angebote reizvoll sind – im Großmarkt und im Bauernhof, denn beide bieten keine Gewähr.

Geflügel wie Wild sind trotz höchst unterschiedlicher Garzeiten Brat- und Schmorgerichte. Im Brühkessel bewähren sie sich nur als Geschmacksbringer – allerdings sehr gut – und müssen durch saftige Accessoires ergänzt werden: Wurzelgemüse. In

der Pfanne brauchen sie eine dichte oder fette Umhüllung, damit die Feuchtigkeit nicht entfleucht.
Aber ihr Kochgeschirr schlechthin ist der gußeiserne Tiegel oder der irdene Topf mit schwerem Deckel, in denen sie auf dem Feuer oder im Herd ihre Geschmacksfülle sanft entfalten, mit Kräutern und Gewürzen bereichern und den eingeschmorten Kompagnons mitteilen können.

Coq au vin

Das Burgund prunkt nicht nur mit vollen Rotweinen, sondern auch mit kräftigen Gerichten. Wenn Sie bei diesem Klassiker also magere Hähnchen verwenden, wird er Sie enttäuschen. Sie brauchen einen ordentlichen Kapaun, der an die zwei Kilo wiegen kann, oder eine fleischige Poularde.

1 frischer Kapaun (Poularde, ca. 1,5 kg)

Pfeffer, Salz und Mehl

200 g gut durchwachsener Rauchspeck

1–2 Dutzend kleine Zwiebeln (Schalotten)

1 Gläschen Marc oder Grappa

1 Flasche Rotwein aus Burgund

1 Bouquet garni

Hahn oder Huhn in acht bis zwölf Teile zerlegen – das Rückgrat kann man dabei schon auslösen. Die Stücke mit Salz und Pfeffer einreiben und mit Mehl überstäuben.
In einer Kasserolle den gewürfelten Speck anbraten und die geschälten Zwiebelchen darin wenden, bis sie Farbe annehmen. Speckwürfel und Zwiebeln herausnehmen.
In dem heißen Fett die Geflügelstücke anrösten, mit dem Tresterschnaps beträufeln und wenden, Rotwein zugießen. Bouquet mit Zwiebeln und Speck zufügen und bei leiser Hitze eine Stunde schmoren. Alles Feste mit dem Schaumlöffel herausschöpfen, die Sauce rasch auf die Hälfte einkochen und die Einlagen wieder unterziehen. Mit mehligen Kartoffeln oder – besser – Croutons auftragen.

Hühnerfrikassee

Das kommt bei uns immer ziemlich langweilig daher – von einer weißlichen Sauce, blassen Erbsen und einem Reisbollen oder -ring belagert. Es gerät ebenso rasch auch pikanter und so fein, daß man dazu nur zarte grüne Salatblättchen und Weißbrot braucht.

1–2 Bresse-Hühnchen (ca. 2 kg)

Salz und Pfeffer

125 g Butter

4 Knoblauchzehen

1 Schuß Weinessig oder Aceto balsamico

1 Glas Weißwein

1 Döschen Tomatenmark

Petersilie

Huhn in Portionsstücke zerlegen, salzen und pfeffern.
In einer Kasserolle einige Löffel Butter auslassen. Das Frikassee darin scharf anbraten und bräunen, während Sie den zerquetschten Knoblauch mit Essig, Wein und Tomatenmark verrühren. Diese Mischung über das Geflügel gießen, wenden, den Deckel aufsetzen und 20 Minuten leise dünsten.
Jetzt die Hühnerteile herausnehmen und auf einer Platte im Ofen warmstellen, den Fond etwas einköcheln und Fett abschöpfen. Dann ohne Feuer die übrige Butter einrühren und die Sauce zum Frikassee über die Geflügelplatte geben. Grob gehackte Petersilie darüber ist nicht nur dekorativ, sondern auch geschmackstauglich.

Poule au pot

Der gute König Henri IV. soll gewünscht haben, daß wenigstens sonntags jeder Bauer sein Huhn im Topf habe. Es hat nicht ganz gereicht, denn er wurde trotzdem gemeuchelt – oder deshalb? – und es ist nicht sicher, ob allein seiner freundlichen Absicht wegen die Französische Revolution erst 200 Jahre später ausbrach.
Aber wie so ein Huhn im Topf aussehen könnte, verrät das Rezept *toulousain* aus Heinrichs Heimat Navarra.

1 ordentliches Masthuhn (2 kg)
Füllung: 250 g Schinkenspeck
Herz, Leber, Magen vom Huhn
4 Stengel Petersilie
2 Eier
1 Tasse Semmelbrösel
Knoblauch, Muskat, Pfeffer, Salz
1 Topf Rindsbrühe
1 Bouquet garni und eine Zwiebel mit 4 Nelken gespickt
4 Porreestangen, Mohrrüben, Weiße Rüben

Fleisch und Petersilie für die Füllung treiben Sie am einfachsten durch den Wolf und durchkneten sie heftig mit verquirlten Eiern, Bröseln und Gewürzen. Die Farce ins Huhn füllen und zunähen.
Inzwischen sprudelt die Brühe mit dem Bouquet und der ungeschälten, nelkengespickten Zwiebel. Unser Huhn macht das eine Stunde mit, dann kommen auch die großen Gemüsestücke hinzu. Nach 30 Minuten ist jetzt das Huhn gar, wird herausgenommen, enthäutet und in Portionen zerlegt, seine Füllung in Scheiben geschnitten. Alles auf eine Platte dekorieren, mit dem gegarten Gemüse umlegen und mit etwas Brühe warm halten.
Denn vorab servieren Sie die heiße Suppe in Schalen und dann erst Poule en pot.
Knusprige Croutons dazu genügen vollkommen; aber Schälchen mit Rouille (S. 60) und Aïoli (S. 61) sind ein Gewinn.

Pollo alla diavola

Wer meint, ein knusprig gebratenes oder gegrilltes Huhn sei eine Kleinigkeit, ist ein Tor oder ein Könner. Seit uns *Le Seigneur* in Vence eines aus seinem mächtigen Kamin servierte, habe ich meine Versuche eingestellt. Statt dessen serviere ich eine teuflische Andeutung späterer Genüsse – für jeden eine Hähnchenhälfte.

2–3 Hähnchen, im Normalmaß 800 g
Olivenöl, Rosmarin
Salz, Cayennepfeffer

Die Hähnchen halbieren und dabei das Rückgrat entfernen. Mit dem Fleischbeil auf einem Holzbrett ohne Scheu mit wenigen Schlägen flachklopfen. In einer Mischung aus Öl und Rosmarin zwei Stunden marinieren. Dann mit Salz und Cayenne kräftig einreiben.
Auf dem vorgeheizten Grillrost, Haut zum Feuer, unter zweimaligem Wenden knusprig bräunen und gut aufpassen. Außen kroß und innen zart wird das Stückchen nur, wenn es zuzeiten mit der öligen Marinade bepinselt und wenig mehr als eine halbe Stunde befeuert wird.

◁ Hähnchen aus dem Baskenland, S. 87, Teller und Mörser: Küchenprofi

Hähnchen aus dem Baskenland

Was mich an diesem deftigen Geflügelgericht fasziniert, sind die knoblauchgewürzten Würstchen. Nicht nur, weil sie einen herzhaften Kontrast bieten, sondern ihrer Allgegenwärtigkeit halber. *Louquenka* heißen die spanischen *chorizos* nördlich der Pyrenäen; im Apennin nennt man sie *luganega,* im Balkangebirge *lokanka,* und überall im „europäischen Haus" begegnet man ihnen als ländlichem Imbiß oder würziger Zutat.

1 stattliches Hähnchen von 1,5 kg
Öl und Butter
2 Zwiebeln
5 Paprikaschoten
3 Knoblauchzehen
4 fleischige Tomaten
1 Glas Weißwein
Pfeffer und Salz
200 g Saftschinken
6 Knoblauchwürstchen, geräuchert
Petersilie

Den Hahn zerlegen Sie wie gewohnt und je nach Größe in acht oder mehr Teile, die in der Öl/Butter-Mischung rasch angebraten werden, damit sich die Poren schließen.
Herausnehmen und beiseite stellen.
In der Kasserolle dünsten Sie nun die Zwiebel- und Paprikaringe mit Knoblauchscheibchen an; schichten darauf die Scheiben der geschälten und mitsamt den Kernen abgetropften Tomaten; legen die abgetupften Geflügelteile wieder auf; begießen sie mit Wein; mahlen Pfeffer und Salz darüber – und lassen das Ganze bei milder Hitze unter dem Deckel ein Stündchen schmoren.
Dann für zehn Minuten Schinkenwürfel und Wurstscheiben darauf dünsten und auftragen. Geöffnet und gemischt wird erst bei Tisch, und da streut jeder noch aus einer Schale frisch gehackte Petersilie über seine Portion.

Hühnerschlegel in Käse

Vornehmer kann man das auch *Poulet au fromage* heißen; aber so wird deutlicher, daß es sich um ein rasches Gericht handelt.

6 Hähnchenkeulen oder Hühnerschlegel
2 Löffel Butter
2 Schalotten
1 Glas Weißwein
1 Löffel Dijon-Senf
150 g Gruyère
1 Becher Crème double
Muskat, Pfeffer, Salz

In einer großen feuerfesten Kasserolle die Butter zerlassen und die Keulen mit den gehackten Schalotten auf beiden Seiten rasch anbraten. Den mit Senf verquirlten Wein angießen und die Hälfte des geriebenen Käses unterziehen. Unter dem Deckel eine Dreiviertelstunde leise schmoren. Das Fleisch ist gerade richtig, wenn beim Einstechen eines spitzen Messers noch ein wenig rötlicher Saft austritt.
Dann die Keulen kurz herausnehmen, die Sauce ohne Feuer mit Sahne und Gewürz abschmekken. Teile wieder einlegen, mit dem übrigen Käse bestreuen, mit Butterflöckchen besetzen und unter dem Grill 5–10 Minuten knusprig gratinieren.

Poulet sauté

Ganz fein müßte man da sagen: Geflügelspitzen sautiert und in Speck grilliert auf Tomatenbett.

- 2 Hähnchen à 1000 g
- Pfeffer und Salz
- 16 Thymian-Zweigchen
- 16 Scheiben Schinkenspeck
- 1 Täßchen Olivenöl
- 4 Schalotten
- 4 Knoblauchzehen
- 8 fleischige Tomaten
- 1 Glas Weißwein
- Petersilie
- Parmesan

Die Zahlen verraten schon das Programm.
Die Hähnchen werden wie üblich in je acht Teile zerlegt und getrocknet, gepfeffert, gesalzen. Jedes Stückchen mit einem frischen Thymianzweiglein belegen und in eine dünne Speckscheibe hüllen – mit Zahnstocher festpicken.
In einer großen Pfanne Öl erhitzen und die Päckchen mit gehackten Schalotten und zerquetschtem Knoblauch scharf anbraten.
Die geschälten und entkernten Tomaten kommen hinzu und der Wein wird aufgegossen. Dann wandert die Pfanne unter Deckel oder Folie in den 180 Grad warmen Backofen.
Nach einer Dreiviertelstunde ist das Geflügel sicher gegart. Deckel ab, Fleischstücke obenauf legen (evtl. mit ein paar Tropfen Wein abspülen) und den Speckmantel mit einem kräftigen Grillstoß (mit ein paar Tropfen Öl besprenkeln) bräunen. Frische Petersilie darüber, Parmesan dazu reichen.

◁ Poulet sauté, s. o., Form: Le Creuset (Küchenprofi)

Hühnerfleisch, chinesisch

Wer als Küchenfan noch keinen Wok hat, wird ihn sicher bald kaufen. Dieses leichte Gericht läßt sich aber ebensogut in einer schweren Pfanne bereiten. Wichtig ist beim chinesischen Stil, daß alle Zutaten gut vorbereitet sind und rasch unter hoher Hitze gegart wird. Und natürlich servieren Sie aus dem Tiegel in Schälchen zu Stäbchen!

- 400 g Hühnerfleisch (Brust)
- 1 Dose Bambussprossen
- 3 Paprikaschoten grün, rot und gelb
- 1 weiße Zwiebel
- 1 Chilischote
- Reichlich Sonnenblumenöl
- 1 Löffel grüner Pfeffer, eingelegt
- 1 Schuß Reiswein / Sake
- 1 Löffelchen brauner Zucker
- Marinade: 1 Eiweiß
- 2 Löffel Reiswein
- 1 Löffel Maisstärke
- 1 Löffelchen Sojasauce

Die Hühnerbrüste schneiden Sie längs der Faser in Streifen, die eine Stunde in der verrührten Marinade kühlgestellt ziehen.
Unterdessen zerlegen Sie auch die abgespülten Bambussprossen und die entkernten Paprikaschoten sowie die Zwiebel von oben in stäbchengerechte Streifen, die entkernte Chilischote in Ringlein. Viel Öl in der Pfanne sehr heiß werden lassen. Die Fleischstreifen werden darin quasi einzeln schwimmend fritiert, gleich wieder herausgenommen und auf eine kreppbelegte Platte gelegt.
Dem Öl in der Pfanne geben Sie eine Prise Salz bei, das macht heiß, und braten die Bambussprossen eine Minute an, die dann ebenfalls auf der Platte abtropfen.

Dem verbliebenen Öl geben die aufsprudelnden Chili Schärfe (vielleicht Öl nachgießen?), ehe Sie Paprika und Zwiebel darin einige Minuten heftig durchbraten.
Jetzt fügen Sie Bambus und Fleisch mit dem grünen Pfeffer wieder hinzu, würzen mit Sake und Zucker und wenden alles bei hoher Hitze ein bis zwei Minuten durch.
Wenn Sie den chinesischen Hühnertopf „soßiger" mögen, verquirlen Sie noch einen Löffel Stärke mit etwas Reiswein oder trockenem Sherry und heben das zuletzt unter.
Servieren mit einer Schüssel trockenem Reis (in der doppelten Menge sprudelnden Salzwassers gargezogen) und einem Sortiment würziger Geschmacksträger: dunkle Sojasauce, Chili-Sauce, Sambal oelek, Sambal manis...

Gefüllte Poularde, arabisch

Mit diesem einfachen Rezept hatte ich die schönsten Erfolge bei meiner kleinen Tochter und ihren Freunden: Unverkennbar war ihnen die süß duftende Reisfüllung wichtiger als das zartweiße Fleisch. Also ideal für Kinderpartys – mit zwei Exemplaren kriegen Sie eine ganze Meute satt.

- 1 Poularde von 1,5 kg
- mit Herz, Leber und Magen
- Pfeffer und Salz
- 1 Täßchen Öl
- 2 weiße Zwiebeln
- 1 Tasse Patna-Reis
- 1,5 Tassen Hühnerbrühe
- 1 Handvoll Rosinen
- 1 Handvoll Pinienkerne
- 1 Handvoll Petersilie
- Zitronensaft
- Honig

Eine fleischige Poularde mit großem Bauch reiben Sie innen wie außen mit Salz und Pfeffer ein.
Für die Füllung erhitzen Sie erst die Hälfte des Öls und dünsten darin die fein gehackten Zwiebeln an. Sobald sie gilben wollen – die fein geschnittenen Geflügel-Innereien mit anbraten und dann den Reis untermischen, der ölig glänzend heiß werden muß.
Sie löschen ihn mit der Brühe (aus Extrakt) ab, rühren anfangs mit einer Gabel um und lassen die Flüssigkeit einziehen, bis sich an der Oberfläche Löcher bilden. Vom Feuer nehmen und die gewaschenen Rosinen, Pinoli und gehackte Petersilie gut untermengen.
Diese Füllung stopfen Sie in die Poularde und verschließen mit Zwirn oder Rouladen-Nadeln.
Was übrig bleibt, betten Sie neben dem prallen Vogel auf die Bratpfanne; ich gieße dann ein wenig Wein an.
Denn jetzt wird die Poularde mit dem übrigen heißen Öl überpinselt und in den vorgeheizten Ofen (250 Grad) geschoben. Nach einer Viertelstunde auf mittlere Hitze reduzieren (200 Grad) und so anderthalb Stunden braten.
Sobald des Vogels Haut trocken zu werden droht, nacheinander und immer wieder mit Zitronensaft und Bratsaft besprenkeln. Gar ist er, wenn beim Einpieken bis auf den Knochen nur noch klarer Fleischsaft austritt.
Ein Clou gegen Ende: Mehrmals mit Honig bepinseln und so zum Schluß knusprig braun grillen!

Gefüllte Poularde, arabisch, großer Bräter von Spring im Hintergrund ▷

Putenschnitzel auf Spinat

Putenfleisch ist trockener als Hühnchen, also muß man es durch Hüllen und Beilagen saftig halten. Das Angebot ist üppig und preiswert. Also kaufen Sie entweder eine Putenbrust, von der Sie selber feine fingerdicke Schnitzel quer zur Faser schneiden, oder Sie halbieren die angebotenen Riesenlappen. Ein bißchen Tranchiergefühl gehört dazu: Häute, Sehnen und Fettstränge auslösen. Dann erst enthüllt sich die mögliche Zartheit.

600 g Putenfleisch
1–2 Eidotter
1 Löffelchen Sojasauce
Semmelbrösel
800 g Blattspinat
Olivenöl
4 Schalotten
4 Knoblauchzehen
Muskat, Pfeffer, Salz

Das Putenfleisch zerlegen Sie zu handtellergroßen Schnitzeln, die mit dem Handballen mürb geklopft werden und dann ein halbes Stündchen gut durchgezogen in der verquirlten Marinade aus Eigelb und Sojawürze ruhen.
Unterdessen den frischen Spinat gut verlesen und kräftig waschen; italienischer Blattspinat ist mir am liebsten, bei dem muß man die kräftigsten Stengelteile wegschneiden.
In einem sehr großen schweren Topf gehackte Schalotten und Knoflzehen mit viel Öl andünsten und die gut abgeschüttelten Spinatblätter einschichten – immer ein wenig Muskat, Pfeffer und Salz dazwischenstreuen. Erst unter dem Deckel, wenn er gut durchhitzt ist, dann offen unter häufigem Wenden eindünsten, bis er fleischig-würzig zusammenfällt.
In der Zwischenzeit nehmen Sie die Schnitzel aus dem Sojagelb, wenden Sie mit leichtem Druck auf einem Teller mit Semmelbröseln und braten sie auf beiden Seiten in einer großen Pfanne mit reichlich Öl rasch knusprig.
Jetzt ziehen Sie nur noch die vorgewärmte Riesenplatte aus dem Ofen, schöpfen den abtropfenden Spinat darauf und garnieren mit den krossen Schnitzeln.
An hungrigen Tagen gibt es dazu Dampfkartoffeln, sonst genügen Weißbrot und Parmesan für den Spinat.

Putenbrüstchen, gefüllt

Eine Art *Cordon bleu,* die Puten- und Hähnchenfleisch von innen saftige Würze gibt. Dazu passen zarte Erbsen, die in Butter mit gehackten Schalotten gedünstet sind.

500 g Putenbrust
6 Scheiben Schinkenspeck
6 Scheiben Fontina
Frische Salbeiblätter, Pfeffer, Salz und etwas Mehl
3 Löffel Butter

Die Putenbrust in sechs feine Doppelschnitzel schneiden: also einmal immer nicht ganz durch, so daß man die beiden Teile aufeinander klappen kann.
Dazwischen je eine Scheibe Speck und Käse und einige Salbeiblättchen legen – sie dürfen ruhig überlappen. Die Schnitzelhälften gut übereinander pressen, mit Pfeffer, Salz und Mehl bestäuben. Butter in einer Pfanne mit gezupften Salbeiblättern auslassen und darin rasch die hübsch gewölbten Putenschnitzel beidseitig ausbraten. In der Pfanne auf den Tisch – wo sich die Freunde um den käsigen Satz balgen.

Canard à l'orange

- 1 junge Fleischente (1,5 kg)
- Salz und Pfeffer
- Einige Thymianzweige
- 5 Orangen (ungespritzt!)
- 1 Zitrone (ungespritzt!)
- Butter
- 1 Löffelchen Zucker
- 1 Glas Portwein

Die Ente wird innen wie außen mit Salz und Pfeffer eingerieben. In den Bauch schieben Sie Thymianzweiglein, die dünne Schale und das pure Fruchtfleisch einer Orange, und verschließen ihn mit Holz-Stickern.

In einem Bräter Butter auslassen und den Vogel rundum anbraten. Dann kommt er bei 220 Grad in die Röhre. Eine Stunde wird er brauchen und muß ab und an mit etwas Wasser bzw. Bratsaft begossen werden.

In der Zeit schälen Sie eine weitere Orange und eine halbe Zitrone ganz dünn und schneiden die Schalen in sehr feine Streifchen, die kurz blanchiert werden. Die Orange pressen Sie aus und geben einige Tropfen Zitronensaft dazu. Die übrigen Orangen werden einschließlich der weißen Haut geschält, quer in Scheiben geschnitten und von Kernen befreit.

In einer Pfanne werden zwei weitere Löffel Butter heiß und mit dem Zucker karamelisiert. Da hinein tauchen Sie die Orangenscheiben und dekorieren sie um den Rand einer großen Platte.

Denn jetzt ist die Ente gar und wird auf dieser Platte im Ofen warmgestellt, nachdem Sie das Füllsel entfernt und den Vogel vielleicht gleich tranchiert haben.

Der Fond im Bräter wird mit etwas Wasser aufgekocht, entfettet und in ein Saucenpfännchen passiert. Dort kocht er mit dem Orangensaft und den blanchierten Zitrusstreifchen noch ein wenig ein, wird mit Portwein gestärkt und über den Canard à l'orange gegossen.

Ente aus Schanghai

Viel einfacher geht es nicht. Aber das Ergebnis ist immens überraschend und verlangt nicht mehr als Reis zur Beilage.

- 1 Ente von ca. 1,5 kg
- 1 Bund Frühlingszwiebeln
- 1 Ingwerknolle
- 1 Tasse Hühnerbrühe
- 5 Löffel dunkle Sojasauce
- 1 Gläschen Reiswein oder Sherry dry
- 2 Löffel brauner Zucker
- 3 Sternanis
- 1 Zimtstange

Die Frühlingszwiebeln schneiden Sie in Röllchen und von der Ingwerknolle drei oder vier Scheibchen. Das kommt zuerst in den Wok oder eine große Kasserolle mit Deckel. Die geputzte und getrocknete Ente darauf betten.

Alle übrigen Zutaten mischen und über den Vogel gießen. Der dämpft und köchelt in dem Sud jetzt anderthalb Stunden. Sie sollten ihn dabei gelegentlich wenden und immer wieder mit der Brühe belöffeln, damit er schön dunkel wird.

Jetzt den Topf vom Herd ziehen und den Deckel abnehmen, die Ente im Sud – wieder wenden! – auskühlen. Fett abschöpfen. (Ein köstlicher Brotbelag!)

Noch einmal eine Viertelstunde aufkochen, damit der Saft auch eindickt, den Sie dauernd über die Ente schöpfen. Den Vogel mundgerecht auf einer warmen Platte zerlegen und die Soße darüberlöffeln.

Anitra in salmi

Nein, das ist kein Druckfehler. *In salmi* meint lediglich ein Ragout von der Ente, und es wird besonders schmackhaft, wenn Sie auch Herz und Leber des Tieres dazu verwenden.

- 1 junge Ente
- 2 weiße Zwiebeln
- Olivenöl
- Nelken, Salbei, Rosmarin, Pfeffer, Salz
- 1 Glas Weißwein

Die Ente zum Ragout zerlegen, Herz und Leber grob zerschneiden, die Zwiebeln in Streifen.
In einer Kasserolle und heißem Öl die Zwiebelschnitte mit den Innereien anbraten, dann die Entenstücke darin mit allen Gewürzen gut anrösten. Mit Wein löschen.
Den gut schließenden Deckel aufsetzen und an die zwei Stunden geduldig schmoren. Das Ragout soll so mürbe werden, daß sich das Fleisch leicht von den Knochen löst.
Zum Schluß vielleicht noch eine Handvoll schwarze Oliven dazu und auf dem Tisch Crostini dazustellen.

Torresani in tecia

Wildtauben werden Sie selten bekommen, eher gemästete, etwa pfundschwere, vier Wochen alt. Dafür eignet sich dieses Schmorgericht aus dem Veneto – *torresani* könnte man mit „Turmwächter" übersetzen.

- 3 junge Tauben
- Olivenöl
- 200 g Pancetta oder Tiroler Speck
- je 1 Zwiebel, Karotte, Selleriestange, Knoflzehe
- 1 Glas Weißwein
- 400 g frische Erbsen
- Zimt, Pfeffer, Salz
- 1 Tasse Hühnerbrühe

Das Öl in einem großen Tiegel – *tecia* – mit dem gewürfelten Speck ausbraten und das bekannte kleingehackte Battuto der Gemüse darin dünsten. Darin die halbierten, trockengeriebenen Täubchen von allen Seiten bräunen. Den Wein angießen und einköcheln.
Die frischen Erbsen dazugeben, würzen und unter dem Deckel schmoren. Die Hühnerbrühe peu à peu eingießen und die Täubchen wenden, denn sie sollen nicht trocken werden. Nach 30 Minuten spätestens sind *torresani in tecia* mild und mürbe.

◁ Putenschnitzel auf Spinat, S. 94

Faisan en cocotte

Das trockene Fleisch des Fasans braucht eine fette Füllung. Aber dadurch wird es nicht mehr. Reichen Sie reichlich feines Weinkraut mit eingewärmten Trauben dazu. Kernlos natürlich, denn Ihre Freunde haben mit dem Schrot genug zu tun, wenn der Vogel noch vom Felde stammt.

1 junger Fasan, gut abgehangen
Thymian, Pfeffer, Salz
100 g Gänse- oder Hühnerleber und die des Fasans
100 g Schweinehack
1 trockene Semmel und Portwein
Thymian, Petersilie, Pfeffer und Salz
Evtl. 1 Trüffel oder Morcheln
Große Speckscheiben
1 Glas Weißwein

Fasan waschen, trocknen und innen wie außen kräftig mit den drei Gewürzen einreiben. Zur Füllung werden die gehackten Lebern mit Schweinehack oder Speckwürfeln und der in Portwein geweichten Semmel gut durchgeknetet und mit Gewürzen abgeschmeckt. Höchst edel wird es, wenn Sie feine Trüffel oder Morcheln beimengen.

Den Vogel stopfen, zunähen und in Speckscheiben hüllen, die ein Zwirnfaden festhält.

Nun kommt er in die Cocotte, einen irdenen Schmortopf, zusammen mit einem Glas Wein. Mit dem Deckel schließen und in der Röhre eine Stunde bei 200 Grad braten. Dann Deckel und Speck abnehmen und eine Viertelstunde noch offen bräunen.

Wachteln, gebraten

Als diese munteren Wandergesellen noch unsere Felder und Raine bevölkerten, waren sie in der Küche selten. Jetzt werden sie gezüchtet, sind auf jedem Wochenmarkt zu finden – leider ziemlich klein, dafür aber ganz schnell gar. Als Imbiß mit der Sauce auf Toast oder auf einer Platte mit sanftem Apfelkraut oder auf Wirsing.

12 Wachteln
Wacholderbeeren, Pfefferkörner, Kornsalz
24 Weinblätter (aus der Dose)
12 Speckscheiben
3 Löffel Butter
2 Glas Weißwein

Im Mörser eine milde Wacholdergewürzmischung herstellen und die Wachteln damit einreiben. Die Vögelchen in zwei gewaschene Weinblätter und eine Speckscheibe einschlagen, mit Zwirn umwickeln.

In einer großen Schmorpfanne Butter auslassen und die Päckchen rundum kräftig anbraten. Weißwein angießen und bei mittlerer Hitze etwa 20 Minuten in den Ofen stellen.

Wenn Sie sich fit fühlen und fix sind, können Sie jetzt noch ein wenig zaubern:

Vögelchen ausbeinen und warm stellen;

Speckscheiben zerschnitzelt ausbraten, Bratsaft einschmoren, mit Cognac oder Calvados würzen – und über die heißen Wachteln auf Croutons oder Kraut löffeln.

Aber Vorsicht: Die werden schnell trocken.

Capriolo alla valdostana

Ein üppiges ländliches Reh-Ragout mit kräftigen Gemüsen – man kann sich gut vorstellen, wie der Topf da über offenem Herdfeuer schmurgelt.

- 1 kg Rehfleisch
- Zwiebel, Karotte, Sellerie, Knoblauchzehe, Lorbeerblatt, Wacholderbeeren, Nelken
- 1 Flasche Rotwein (Barbera)
- 1 Streifen Tiroler Speck
- Olivenöl
- 1 Gläschen Grappa
- Salz, Pfeffer, Mehl
- 500 g Tomaten
- 500 g Karotten
- 1 Becher Sahne
- Thymian, Pfeffer, Salz

Das Rehfleisch – am schönsten aus der Keule – wird in Würfel geschnitten und in einer Schüssel mit grob zerteilter Zwiebel, Karotte und Sellerieschnitz, mit Knofl, Lorbeer, Wacholder und Nelken vermischt. Den Wein darübergießen und über Nacht beizen, öfter mal wenden.
Die Marinade durch ein Sieb gießen, das Fleisch trockentupfen.
Klein gewürfelten Speck in reichlich Öl auslassen und das Fleisch in diesem großen Tiegel anbraten. Wenn es bräunt, den Tresterschnaps – kann auch ein bißchen mehr sein – darübergießen und eindünsten.
Salzen, pfeffern und mit Mehl bestäuben, wenden. Wenn's dicklich wird, die geschälten und geviertelten Tomaten dazumischen, etwas Marinade angießen und den Deckel aufsetzen. Jetzt köchelt das Ragout anderthalb Stunden, und ab und zu müssen Sie mit der Marinade Flüssigkeit nachfüllen.

Das ist Zeit genug, um als Beilage eine Polenta anzurühren (S. 51) und auf ein Blech im warmen Ofen zu gießen, sowie die Karotten zu putzen und grob zu stückeln.
Denn die Karotten schmurgeln jetzt noch 20 Minuten im Ragout mit; wenn Sie mögen, und viele hungrige Gäste haben, auch 10 Minuten eine Packung gefrosteter Erbsen. Das Ganze bleibt durch Marinade oder etwas Wein schön konsistent.
Dann nehmen Sie den heißen Topf vom Feuer und ziehen die Sahne ein, schmecken mit viel Thymian, kräftig Pfeffer und wenig Salz ab und tragen auf:
Einen mächtigen Tiegel Wildragout und ein heißes Blech butterglänzender Polentaschnitten!

Geschmorter Hase

Hier sollte man wirklich Hasen verwenden, deren intensiver Wildgeschmack einen besseren Kontrast bildet als zartes Kaninchenfleisch. Ob Sie einen frischen zerlegen oder zwei, drei Rükken aus der Truhe nehmen, ist eine Frage der Bequemlichkeit.

- 1 abgehangener Hase oder 2 Hasenrücken
- Thymian, Pfeffer, Salz
- 1 Gläschen Grappa und Aceto balsamico
- Olivenöl
- 100 g Schinkenspeck
- 2 Zwiebeln
- 4 Knoblauchzehen
- Petersilie, Oregano, Majoran, Rosmarin, Lorbeerblatt, Nelken
- 2 Glas Rotwein (San Giovese)
- 6 fleischige Tomaten
- 1 Handvoll Rosinen
- 1 Handvoll Pinienkerne

◁ Wachteln gebraten, S. 99, Bräter: Spring

Hasenfleisch häuten, in Portionsstücke zerlegen, mit Thymian, Pfeffer und Salz einreiben und in einer Schüssel mit der Trester/Essig-Mischung durchfeuchten, die über Nacht, gut verschlossen, einziehen kann.
In einem kräftigen Tiegel den grob gewürfelten Speck auslassen und mit gehackten Zwiebeln und Knoblauchzehen durchdünsten. Feuer erhöhen und die Fleischteile rundum anbraten und mit viel gehackten und vermengten Kräutern vermischen: eine Handvoll frische Petersilie und die andere aus den übrigen Kräutern.
Mit Wein ablöschen und etwas eindampfen. Dann kommt das Fleisch der geschälten Tomaten darauf und der Deckel, unter dem unser *lepre in umido* (in Feuchtigkeit) eine Dreiviertelstunde leise schmort.
Dann wird mit gewaschenen Rosinen und ganzen Pinoli durchgemischt und zehn Minuten offen gebrodelt. Zu dicklich darf es nicht werden: Wenn Sie Rotwein nachgießen, wird es strenger, mit Wasser sanfter.
Wenn ich zu dem Hasentopf eine sättigende Polenta offeriere, nehme ich Rotwein.

Conejo frito

Das atmet spanische Grazie und Temperament: Süßliches Kaninchenfleisch herb mariniert, heiß fritiert und mit Knoblauchmayonnaise gewürzt!

1 kg Kaninchen: Keule und Rücken
1 Tasse Weinessig
2 Glas Weißwein
1 Zwiebel
Lorbeerblatt, Thymian, Rosmarin, Petersilie
Mehl
Öl zum Ausbacken
Aïoli (S. 61)

Das Kaninchenfleisch von den Knochen lösen und in Fritierhappen schneiden.
Aus Essig und Wein, der geriebenen Zwiebel und der fein gewiegten Kräutermischung eine Marinade aufschlagen. Das Fleisch darin 24 Stunden beizen.
Die Kaninchenstücke abtrocknen, in Mehl wälzen und abschütteln, in Öl schwimmend – opfern Sie eine Flasche kräftiges spanisches Olivenöl! – goldgelb ausbacken.
Auf heißer Platte, mit einer Schale Aïoli inmitten, servieren und dazu kühlen weißen Rioja reichen.
Das Gleiche können Sie übrigens mit zartem Wildschwein anrichten, sollten dann aber für die Beize wie als Zutrunk roten Rioja wählen. Nebeneinander und mit einer frisch perlenden Glasschüssel bunter Crudités deckt diese Wildtafel ein ganzes Sommerbuffet.

Kaninchen aus dem Ofen

Ich kann mir das gut vorstellen: Wie der fröhliche Landmann nach vollbrachtem Tagwerk noch zwei Kaninchen erlegt und wohlgemut nach Hause kehrt, wo die munter schaffende Hausfrau zwölf Brotlaibe in den Steinofen schiebt. „Tu's dazu", sagt er, und sie hackt es munter entzwei, wirft es mit den Früchten des Gartens in einen Tiegel und schiebt ihn hinterher.

Wahrscheinlich ging's weniger heiter zu. Aber der Ursprung des Gerichtes ist wohl so abgelaufen: Es ist köstlich und festtäglich.

1,5 kg Kaninchen
1 Glas Weißwein
Knoblauchzehen, Rosmarin- und Thymianzweige
Olivenöl
Weiße Zwiebel, rote Karotte, bleicher Sellerie
Ein paar Tomaten
1 Handvoll schwarze Oliven

Kaninchen mit dem Fleischbeil in Ragùstücke zertrümmern. In gebuttertem Tiegel heftig anbraten und rütteln, damit nichts anhängt, aber der Saft sich verflüchtigt. Wein angießen und einkochen. Zehen und Zweige hinzufügen, großzügig Öl dazugeben und durchschmoren mit den Gemüseschnitzen. Jetzt die geschälten und geviertelten Tomaten darauflegen und für 20 Minuten bei 200 Grad in den Ofen schieben.
Die Oliven untermischen und noch zehn Minuten ziehen lassen.

Bräter im Bild: Spring

Von Ställen und Weiden:

Fleischgerichte

Kompendien kann man füllen, ein Bücherregal in der Vorratskammer bestükken mit all den Rezepten, nach denen das Fleisch von Rind und Schaf und Schwein in einem Topf bereitet wird. Kein Wunder, denn seit altersher war das proteinreiche – und immer teure – Fleisch ein begehrtes Nahrungsmittel und verlieh als Zeichen von Wohlstand oder als gelegentliches Festmahl auch soziales Ansehen.
Freilich würde uns der Fleischgeschmack vergangener Jahrhunderte wohl wundern oder verprellen, denn die Tiere wurden nicht auf Weiden gepflegt oder in Ställen gemästet, sondern als Nutzvieh gehalten. Rinder und Ochsen als Zugtiere, Hammel und Schafe der Wolle und des Leders wegen, Schweine als gierige Allesfresser in den Wäldern und Abfallverwerter auf den Höfen. So erreichten sie nicht nur ein beträchtliches Alter, sondern waren auch ordentlich abgearbeitet und knochig – erst recht, wenn sie zum irdischen Ende noch über Dutzende Meilen zu den städtischen Märkten getrieben wurden. Ihr Fleisch war zäh, fett, sehnig und von durchdringendem Geschmack. Das ist ein Grund, weshalb die alten Küchenanweisungen stundenlange Garzeiten und mächtige Gewürzkombinationen enthalten, die uns heute schaudern lassen.

Erst seit hundert Jahren wird dieses Schlachtvieh ausschließlich zu Nahrungszwecken gezüchtet, gekreuzt und gemästet. Schwere Rassen mit hohem Fleischgewicht (50–70 Prozent) und geringerem Fett- und Knochenanteil sind das Ergebnis – schlachtreif in weniger als einem oder höchstens zwei Jahren.
Der Preis allerdings ist in doppeltem Sinne hoch. Allein für die „Intensivfleischproduktion" verbrauchen die Industriestaaten eine Getreidemenge (1978: 370 Mio. Tonnen), die den gesamten Getreidebedarf der Dritten Welt übersteigt. Und diese Investition muß auch auf dem freien Markt bezahlt werden: Gutes Fleisch ist teuer, billiges schlecht.
Wie das Schwein – das nach tierpsychologischen Erkenntnissen durchaus nicht dumm, sondern sehr lernfähig ist – ist auch der Mensch ein Allesfresser und nach seiner Selbsteinschätzung ein intelligenter, vernunftbegabter dazu. Dann muß er sich schon fragen, ob sein überaus hoher Fleischkonsum vernünftig ist: Die extreme Ausbeutung der Böden; der hohe Preis, den arme Völker dafür zahlen; das teure Geld, das er an der Kasse dafür erlegt; sein steigender Cholesterinspiegel; die Adipositas oder banal Fettleibigkeit, die wir als Behäbigkeitszeichen einhertragen.
Man muß weder Gesundheitsapostel noch Vegetarier oder Sektierer sein, um da die Bremse zu ziehen. Nur mal hinschauen, welche Mengen und welche Sorten Fleisch da Hausfrauen und Hausmänner an der Theke des Großmarktes zum Wochenende in den Korb schichten, dazu noch ein paar Fertigdosen Vorgekochtes und einige Styropor-Brote, und dann eilends an Frischgemüsen, Obst und Käse vorbei zur Kasse mit gezücktem Scheck – es ist schon atemberaubend.

Wie sagte doch Grimod de la Reynière: Ein gut erzogener Mensch wisse von allem Gebrauch zu machen, ohne mit etwas Mißbrauch zu treiben??

Nein, ich habe gar nichts gegen Fleisch und mag gelegentlich auch ein blutiges Steak oder ein knoblauchgegrilltes Stück Schweinenacken. Auch Fett ist nicht des Teufels, sondern im richtig ausgesuchten Teil Fleisch geschmacksbewahrend. Aber wichtig ist die Qualität – nicht die Menge; und wichtiger als der teure Preiş die richtige Zubereitung, denn so entfalten auch die oft unterschätzten Fleischteile höchst ungewöhnliche Reize.

In der alltäglichen Küchenpraxis hierzulande gilt nach dem Rat scheinfeiner Hauszeitschriften das Motto: Fleischscheiben werden unter hoher Hitze schnell in der Pfanne gebraten, Braten entwickeln sich mit schwacher Würze von selber; Kalbsschnitzel sind das Höchste, Fleisch in Brühe ist eigentlich ordinär, die elegante Hausfrau serviert dazu am besten angedünstete Gemüschen. Man kann so leben. Es geht aber auch anders – und besser.

Punkt eins: Fleisch enthält vor allem ein – ziemlich elastisches – Protein. Deshalb wird es *roh* nur zerkleinert (Tatar) oder mariniert (Carpaccio) weich und für Zähne wie Gaumen augenehm. Oder man *gart* es.

Punkt zwei: Protein gerinnt bei 77 Grad, wird hart und das Fleisch zäh. Überlegen Sie also, was Sie mit dem heißen Anbraten – egal, ob Kalb oder Schwein – anrichten. Wenn's dann noch schmeckt und zart ist, genießen Sie mehr das Resultat der Hormonbehandlung in der Boxenzucht als Ihrer Kochkunst.

Punkt drei: Langsames Garen unterhalb der Gerinnungstemperatur verwandelt die Proteine in Gelatine und macht das Fleisch zart und weich. Ich sage: Es beginnt zu kommunizieren. Es teilt seine Kräfte und Säfte seiner Umgebung mit und nimmt deren Säfte auf.

Punkt vier: Die interessantesten Kräfte und Ingredienzen stecken in Sehnen- und Fettsträngen, Knorpeln und Knochen. Die erschließen sich aber – Knochen sind schlechte Wärmeleiter – nur durch langes und reduziertes Garen. Wenn ich also kein rasches Fast-Food-Schnitzelchen auf Trockentoast mit Dosenananas und Zellophankäse fermentiert, sondern Fleisch schmecken will in seiner vitalen Fülle – dann muß ich ihm Zeit zum Garen, zum Kommunizieren, zur Entwicklung geben.

Danach sind die folgenden Rezepte ausgewählt – kaum zwei Dutzend von hundert möglichen, dafür aber erprobt am eigenen Herd und mit dem Gaumen der Freunde. Einiges gerät dennoch und immer wieder zum Abenteuer. Die *Olla potrida,* von der Cervantes den kleinen dicken Sancho Panza schwärmen ließ; der *Bigos,* den Polens Klassiker Adam Mickiewiecz literarisch rühmte; das *Cassoulet,* dem Rabelais in seinen Erzählungen von Gargantua und Pantagruel den Segen gab. Nachlesen kann man's gedruckt; nachbauen erfordert Phantasie und Präzision. Denn wegen der klassischen Geschmacksphysiologie wie wegen der modernen Ernährungskunde soll das ja alles auf den Punkt gebracht werden, *au point.* Und das ist Sache Ihres Talentes.

So finden Sie nun einige Schnitzelversionen, die zwar rasch angebraten sind, aber erst auf würziger Zulage garziehen; Zartfleischiges, das sich im sanften Miteinander entwickelt; Schmorgerichte, bei denen das Fleisch nicht wichtiger ist als seine Zulagen; und Brühtöpfe wie Ofentiegel, in denen fleischige und fruchtige Elemente gleichwertig nebeneinander stehen.

Schweinekotelett in Rotwein

In der Toscana heißt das treffend *maiale ubriaco* – betrunkenes Schweinefleisch. Sie sollten die Koteletts, mit oder ohne Knochen, nicht zu dünn wählen, sondern kräftige Fleischstücke, ruhig ein wenig fett, denn im Grunde ist das ein Schmorfleisch.

4–6 Schweinekoteletts

Pfeffer und Salz

Olivenöl

2 Knoblauchzehen

1 Pfötchen Fenchelsamen

1 Glas Rotwein (Chianti)

Das Fleisch fest mit frischem Pfeffer und etwas Salz einreiben. In einer heißen Pfanne mit wenig Öl von beiden Seiten scharf anbraten. Knoblauchscheiben und Fenchelsamen darüberstreuen und zweimal wenden.
Wein angießen, Deckel aufsetzen und eine halbe Stunde bei milder Hitze schmoren, bis der ganze Wein eingesogen ist.
Sie können dieses Schmorgericht noch saftig anreichern, indem Sie längs geschnittene Scheiben einer Fenchelknolle mitziehen lassen.
Tomatensalat mit gehackten Zwiebeln paßt dazu vorzüglich.

Saltimbocca alla romana

Dieser römische „Maulsprung" ist nicht nur von pikanter Würzigkeit, sondern auch sehr rasch zubereitet. Die Schnitzelchen – kaum handtellergroß und pro Person zwei – schneiden Sie am besten selbst flach zurecht.

500 g Kalbsschnitzel

Pfeffer

Salbeiblätter

8–10 Scheiben roher Schinken (Parma)

4 Löffel Butter

1 Gläschen Marsala oder Weißwein

Die Schnitzelchen zart klopfen, leicht bepfeffern, mit ein oder zwei Salbeiblättern belegen und eine passende Scheibe Schinken darauf feststecken. In einer schweren Pfanne drei Löffel Butter aufschäumen und die Schnitzel von beiden Seiten – Schinken zuerst – darin drei bis vier Minuten braten. Ich streue da noch ein paar Salbeiblättchen hinzu, gleich anfangs, dann wird der Saft duftender.
Schnitzel auf eine gewärmte Platte betten. Den Bratsaft rasch mit dem Wein aufkochen, mit einem Löffel Butter geschmeidig machen und über die Schnitzel gießen.
Dazu genügen Salat und Toast.

Vitello tonnato

Das ist eines der schönsten Sommergerichte aus der Mailänder Küche. In kleinen Portionen wird es auch als Vorspeise dargeboten. Aber ich gestehe, das befriedigt mich nicht. Den herrlichen Kontrast von zartem Kalbfleisch und sämigwürziger Thunfischsauce will ich voll auskosten und ihm nicht beim Hauptgang nachtrauern.

1 kg Kalbfleisch aus der Keule
1 Flasche Weißwein (Lugana)
1 Zwiebel, Karotte, Selleriestange, Lorbeerblatt, einige Nelken und Pfefferkörner
Salsa tonnata:
1 Dose weißer Thunfisch in Öl
4 Anchovisfilets
2 Eidotter, hartgekocht
1 Tasse Olivenöl
etwas Zitronensaft
Pfeffer und Salz
2 Löffel kleine Kapern

Das schiere, feste Kalbfleisch wird über Nacht in der Marinade aus Wein, geschnittenen Gemüsen und Gewürzen eingelegt.
Am Vormittag nehmen Sie das Fleisch heraus und hüllen es fest in Küchenvließ, denn es soll nicht zerfallen, wenn es jetzt in der Marinade bei leiser Hitze anderthalb Stunden gar gekocht wird. Anschließend muß es in seinem Sud erkalten. Zeit genug, die *salsa tonnata* zu bereiten. Der abgetropfte Thunfisch (achten Sie hier auf die beste italienische Qualität, die meist im Glas angeboten wird!) wird zerpflückt und mit den Sardellen und den harten Eidottern per Wiegemesser oder Blitzhacker sehr fein zerhackt. Dann rühren Sie die Salsa mit dem Einlegeöl des *tonno* und dem Olivenöl langsam auf und schmecken mit Zitrone, Pfeffer und Salz fein ab. Das Ergebnis soll sämig-sahnig sein, und um es zu erreichen, dürfen Sie auch noch mit etwas flüssigem Eigelb – verdickt – oder Fleischsud – verdünnt – nachhelfen. Zum Schluß wird ein Löffel der kleinen Kapern eingezogen.
Das abgekühlte Kalbfleisch nehmen Sie nun aus seinem Saft und schneiden es in höchstens halbfingerdicke Scheiben. Die werden geräumig auf eine große Platte dekoriert, mit der Sauce überzogen und dem zweiten Löffel Kapern bestreut.
Das darf nun ruhig ein wenig rasten, ehe Sie auftragen. Grüner Blattsalat und trockenes Weißbrot mit einem Schälchen Butter dazu genügen. Mixed Pickles als Beilage halte ich eher für einen Verstoß gegen den feinen Geschmack.

Kalbsbrust, gefüllt

Der Name ist eine Untertreibung, denn wörtlich genommen ist das „Spitze“: *Cima alla genovese.* Eine sanfte Spitze allerdings, ligurischer Feinheit entsprechend, das kulinarische Pendant zum kräftigen sizilianischen *farsumagru* aus Rind- und Schweinefleisch. Beide sind warm, aber die Kalbsspitze noch besser kalt zu essen.

1 kg Kalbsbrust
1 Kalbshirn
1 Kalbsbries
200 g Kalbfleisch
3 Löffel Butter
1 Knoblauchzehe
1 Semmel und Milch
20 g getrocknete Pilze
4 Eier
1 Handvoll Pinienkerne
1 Bund Petersilie
4 Löffel Parmesan
1 Tasse Erbsen
Muskat, Pfeffer und Salz
1 Zwiebel und 2 Nelken, 1 Möhre und Lauchstange, 1 Lorbeerblatt und Thymianzweig

Die Kalbsbrust lassen Sie beim Fleischer entbeinen und eine Tasche für die Füllung hineinschneiden.

Kalbshirn und -bries werden gewässert und fünf Minuten in siedendem Wasser gebrüht, in dem sie dann auskühlen. Von Haut, Sehnen und Strängen befreien und ebenso wie das Kalbfleisch mit Messer oder Maschine faschieren (sehr fein hacken).

Die Butter mit der zerquetschten Knoblauchzehe auslassen und die Fleischfarce darin kurz anbraten. Jetzt haben Sie die Grundlage für die Füllung, die Sie in einer Schüssel mischen.

Erstens die angebratene Fleischfarce.

Dazu die in Milch geweichte Semmel, leicht ausgepreßt.

Dann die eingeweichten, abgetropften, zerschnitzelten Pilze und die verquirlten Eier.

Gehackte Pinienkerne und Petersilie mit dem geriebenen Parmesan.

Gut durchmischen, mit Muskat, Pfeffer, Salz abschmecken und die frischen Erbsen untermengen.

Damit füllt man nun die Kalbsbrust und näht sie mit einem Faden zu. Es empfiehlt sich, sie in Kalbnetz oder ein Tuch einzubinden, denn sie will bald mächtig wachsen.

In einem passenden Topf bringen Sie Salzwasser mit den geschnittenen Gewürzen von Zwiebel bis Thymian zum Kochen. Darin siedet und zieht *la cima* jetzt zwei bis drei Stunden.

Netz abnehmen und auf einer Platte Scheiben schneiden.

Oder Sie lassen die Kalbsbrust mit einer Marmorplatte beschwert abkühlen und servieren kalte Schnitten: Dann ist es wohl eine Pastete.

Ossobuco alla milanese

Das sind Scheiben von der Kalbshaxe, und das geschmacklich Bedeutsame ist daran die „Knochenhöhlung“, nämlich das Mark darin. Traditionell gehört dazu ein *risotto milanese* (S. 50).

- 1 große Kalbshaxe
- Mehl
- 100 g Butter
- 1 Zwiebel
- 1 Karotte
- 1 Selleriestange
- 4 Tomaten
- Rosmarin, Pfeffer, Salz
- 1 Glas Weißwein
- Petersilie, Knoblauchzehe, Anchovisfilets
- Zitronenschale

Die Haxe lassen Sie sich beim Einkauf in 5 cm dicke Scheiben sägen, dann liegt das Mark offen. Die Scheiben umwickeln Sie mit einem Faden, damit das Fleisch am Knochen und fest bleibt. Und dann bestäuben Sie sie rundum leicht mit Mehl.

Die Butter in einem großen Schmortopf auslassen und die gehackte Zwiebel darin glasig dünsten.

Das Fleisch in dem Fett schön anbräunen.

Dann geben Sie Karotten- und Selleriestreifen mit den geschälten Tomaten dazu, würzen und gießen den Wein an. Bei leiser Hitze soll das zugedeckt eine Stunde schmoren.

In der Zeit können Sie eine Handvoll Petersilie, eine Knoblauchzehe und zwei, drei Anchovisfilets sehr fein wiegen und ein wenig Zitronenschale in ganz feine Streifchen schneiden.

Diese Mischung geben Sie zum Schluß über die *ossobuchi* und lassen sie knapp zehn Minuten einziehen.

Mischen, vielleicht noch etwas Wein zur Bereicherung der Soße und Lockerung des Satzes eingießen und heiß zum Risotto stellen.

Bistecca alla pizzaiola

Natürlich sind *bistecche* Beefsteaks, Rumpsteaks oder Lendenschnitten vom Kalb. Ich finde jedoch, daß sich die Pizzaiola-Begleitung auch im Schmorsatz knusprig gebratener Schweinekoteletts prächtig entwickelt. Das ist überhaupt ein sehr variables und rasches Pfannengericht – Sie brauchen nur beim Einlegen oder Nachwürzen mit verschiedenen Kräutern wie Thymian, Basilikum, Rosmarin oder Salbei zu experimentieren.

- 4–6 Beefsteaks (oder Schweinekoteletts)
- Olivenöl
- 2 Löffel Butter
- 2 Knoblauchzehen
- 6–8 Tomaten
- Petersilie
- Pfeffer und Salz

Die Steaks an den Rändern einschneiden, mit Öl einreiben, aufeinander schichten und einige Stunden kühl stellen.

Eine schwere Pfanne erhitzen und die Schnitten beidseitig rasch anbraten (eventuell Öl nachgießen). Aus der Pfanne nehmen und warmstellen.

Den Bratsatz mit Butter lösen, gehackten Knoblauch aufschäumen, geschälte und entkernte Tomaten schnell einkochen, mit gehackten Kräutern, Pfeffer und Salz abschmecken und die Steaks darin noch einmal heiß werden lassen. Für Fleischliebhaber braucht man da eigentlich nur große Steaks, viel Sauce und trockenes Weißbrot zu kräftigem Rotwein.

Kalbsbries in Gemüsen

Der Anblick frischer Innereien bereitet zartbesaiteten Seelen bisweilen leise Pein. Legen Sie die Pein beiseite und greifen Sie zu. Es entgehen Ihnen sonst einige der zartesten Genüsse, die einer wunden Seele schmeicheln können.

- 3 Kalbsbries
- 3 Löffel Butter
- 2 Schalotten
- 200 g frische Erbsen
- 200 g Champignon-Köpfchen
- 4 festfleischige Tomaten
- 1 Gläschen Sherry medium
- Pfeffer und Salz

Die Brieschen müssen Sie vorbereiten: Eine Stunde wässern und dann 10 Minuten in heißem Essigwasser blanchieren, kalt abschrecken. Jetzt können Sie leicht Haut und Stränge abziehen und das Bries in nußgroße Stücke teilen.

In einem Caquelon bei milder Hitze die feingeschnittenen Schalotten mit der Butter andünsten. Darin werden die Briesnüßchen fünf Minuten unter Rühren gedämpft. Erbsen und Pilze einmischen, Deckel aufsetzen und zehn Minuten dünsten.

Inzwischen schälen und entkernen Sie die Tomaten und schneiden ihr Fleisch in feste Stückchen, die auf einem Sieb oder Küchenkrepp abtropfen.

Den Deckel lüften, rasch aufkochen, Tomaten unterziehen, mit Sherry, Pfeffer und Salz abschmecken und gleich auftragen.

Reis dazu ist gut, eine Baguette genügt auch.

Leber, venezianisch

Beim Original, dem *Fegato di vitello alla veneziana,* ist nur Kalbsleber zugelassen. Aber es schmeckt, etwas kräftiger, auch mit Rindsleber, die zuvor in Milch eingelegt und dann gut getrocknet wird. Die richtige Beilage sind Polenta-Schnitten.

- 500 g Kalbsleber
- 500 g milde Zwiebeln
- 1 Handvoll Petersilie
- Butter und Olivenöl
- 1 Glas Weißwein
- Pfeffer und Salz

Leber und Zwiebeln schneiden Sie in gleich starke Scheiben, Petersilie hacken.

In einer Bratpfanne reichlich Butter mit Öl erhitzen und darin die Zwiebeln mit Petersilie ganz langsam etwa eine halbe Stunde weich schmoren: Die Zwiebelringe dürfen nicht bräunen! Jetzt den Wein angießen, Temperatur erhöhen und die Leberschnitten in fünf Minuten unter Wenden braten: Auch sie müssen zart bleiben und den süßlichen Sud aufnehmen.

Mit Pfeffer und Salz abschmecken und zu Polenta, Reis oder Weißbrot auftragen.

◁ Ossobuco alla milanese, S. 111, gußeiserne Form: Küchenprofi (Le Creuset)

Schweinefleisch, süß-sauer

Bei dieser Spezialität aus der Kanton-Küche ist der Zeitaufwand nicht gering. Doch wenn die Gewürzausstattung Ihrer Küche auch ein paar chinesische Elemente einschließt, werden Sie entdecken, daß dies ein sehr preiswertes Gericht ist – und gar nicht kompliziert. Sie reichen dazu trockenen Reis und tragen natürlich im Wok auf, der auch ein prächtiges Gerät zum Warmhalten ist. Beim Fleisch müssen Sie übrigens nicht zum feinen Filet greifen: Ich finde durchwachsene Schnitzel sehr viel schmackhafter.

500 g Schweinefleisch
1 Löffel dunkle Sojasauce
1 Löffel Reiswein oder Sherry dry
Fünfgewürzpulver, Pfeffer und Salz
1 Knoblauchzehe
1 Zwiebel
2 bunte Paprikaschoten
1/2 Dose Bambussprossen
2 Scheiben Ananas
1 Ei und 3 Löffel Maisstärke
Sonnenblumenöl zum Ausbacken
1 Döschen Tomatenmark
3 Löffel Weinessig
2 Löffel brauner Zucker
2 Löffel Ananassaft
1 Löffel helle Sojasauce
1 Löffel Maisstärke

Sie schneiden zuerst das Fleisch in mund- und stäbchengerechte Happen und mischen aus Sojasauce und Wein, Fünfgewürz, Pfeffer und Salz eine Marinade, in der die Fleischstückchen eine halbe Stunde ziehen.

In der Zeit bereiten Sie die Gemüse vor: Knoblauch, Zwiebel, Paprika, Bambus und Ananas (zur Faser) in Streifen schneiden.

Nun schlagen Sie das Ei mit der Stärke gut auf; wird diese Fritiermischung zu dick, so strecken Sie mit etwas Reiswein oder Sherry.

Jetzt kommt das größte Stück Arbeit:

Zwei Tassen Öl im Wok heiß werden lassen. Die Fleischstückchen in der Stärkemischung wenden, nacheinander knusprig fritieren und auf Krepp in warmer Platte abtropfen lassen. Der Rest ist einfach:

Das Ausback-Öl aus dem Wok kippen und drei Löffel frisches Öl darin erhitzen. Die geschnitzelten Gemüse darin nacheinander unter Wenden anbraten. Da auch Sie wohl kaum über offenem Feuer arbeiten, dauert es statt 2–3 Minuten sicher 5–8, ehe die Streifen weich, aber bißfest sind.

Zeit genug, die übrigen Zutaten vom Tomatenmark bis zur Maisstärke zu einer Sauce aufzurühren. Die mischen Sie jetzt unter das Gemüse, köcheln rasch auf und wenden, geben das fritierte Fleisch darüber und lassen den bedeckten Wok noch fünf Minuten ohne Feuer ziehen.

Schweinefleisch, süß-sauer, s. o., Wok: Spring ▷

copco

Bauernschöpsernes

Schöpsenfleisch ist auf gut tirolerisch Hammel. Sie brauchen davor keine Angst zu haben, denn erstens werden heutzutage auch Hammel nicht mehr alt und zweitens wird die Schulter hier mürbe ausgeschmort. Aber deftig ist sie schon.

1 kg Hammelschulter
1 Täßchen Öl
2 große Zwiebeln
3 Knoblauchzehen
1 Flasche Rotwein (Grauvernatsch)
Rosmarin, Salbei, Lorbeerblatt, Wacholderbeeren
500 g Kartoffeln
Pfeffer und Salz

Hammelfleisch in grobe Stücke schneiden und in heißem Öl mit Zwiebelschnitzen und Knoblauchscheiben anbraten. Wenn es bräunt, Rotwein angießen, die Kräuter auflegen und den Deckel aufsetzen. Eine Stunde schmoren.
Kartoffeln schälen und zu dicken Scheiben schneiden. Auf das Schöpserne geben und etwa eine halbe Stunde zugedeckt mitdämpfen.
Erst wenn sie gar sind, unterziehen, dann behalten sie mehr Eigengeschmack.
Ordentlich Pfeffer aus der Mühle und behutsam Salz darüber.

Abbacchio alla cacciatora

Milchlämmer werden wohl auch im jagdfrohen Italien nur versehentlich geschossen. „Nach Jägerart" meint also eher die würzige Zubereitung des Schmortopfes mit Kräutern, Wein und Pilzen; ich füge auch noch zarte süßliche Erbsen hinzu. Die Überraschung steckt in dem Beizeffekt von Essig und Anchovis.

1,5 kg Lammkeule
1 Streifen Räucherspeck
2 Löffel Olivenöl
3 Knoblauchzehen
2 Zweiglein Rosmarin
Einige Salbeiblätter
1 Löffel Mehl
1 Glas Weißwein
1 Schuß Weinessig
1 Handvoll getrocknete Pilze
400 g Erbsen
4 Anchovisfilets

Die Keule lassen Sie am einfachsten schon vom Metzger entbeinen. Sie brauchen sie dann nur noch in große Würfel zu zerteilen.
Jetzt den fein gewürfelten Speck in Öl auslassen, den grob gehackten Knoblauch zugeben und das Lammfleisch darin bräunen. Sie fügen frischen Rosmarin und Salbei hinzu, die ein paar Minuten dem Bratsaft Würze geben und weich dünsten. Dann mit Mehl überstäuben, durchwenden und Wein angießen, mit Essig würzen. Unter dem Deckel ein Stündchen schmoren, eventuell Flüssigkeit ergänzen.
Inzwischen sind die Pilze (am besten *porcini* = Steinpilze) geweicht – die größeren Teile zerschnitten – und werden mit dem Saft und den Erbsen unter das Schmorfleisch gemischt.
Die gehackten Anchovis zermalmen Sie im Mörser und rühren sie mit etwas Fleischsauce auf. In den Schmortopf geben und wenige Minuten nur mitziehen lassen.

Moussaka

Man kann darüber streiten, ob die Moussaka zu den Fleischtöpfen oder den Gemüsepfannen zählt. Ich bereite sie so, daß die Fleischfarce über die Gemüseschichten dominiert und durchdringt, und verwende nur dicke Auberginen- und feine Kartoffelscheiben. Das ergibt eine sämige Konsistenz, die durch den oft gebräuchlichen Überguß mit verquirlten Eiern nur gestört wird. Zwei Stunden Zeit müssen Sie sich für die Vorbereitung schon gönnen.

---

1 kg Auberginen

700 g Lammfleisch aus der Keule

Viel Olivenöl

2 Zwiebeln

2 Knoblauchzehen

1 Dose geschälte Tomaten

1 Handvoll Petersilie

1 Löffel Oregano

Zimt, Piment, Pfeffer, Zucker, Salz

Mehl

500 g kleine Kartoffeln

Semmelbrösel

Geriebener Schafskäse (Cascaval)

Butter

Zuerst nehmen Sie sich die Auberginen vor: Stielansatz kappen und längs in fingerdicke Scheiben schneiden. Mit Salz bestreuen und so im Sieb anordnen, daß sie abtropfen können: Mit der Feuchtigkeit geht die Bitternis dahin.
Nun das Lammfleisch: Befreien Sie es von den ärgsten Strängen und Sehnen, bevor Sie die Würfel durch den Fleischwolf treiben, sonst gibt es leicht Ärger mit den Messern. Es ist also bequemer, wenn das schon der Metzger erledigt.
In einer schweren Gußpfanne und mäßig Öl die gehackten Zwiebeln und Knoblauchzehen andünsten. Das Lammhack einbraten und mit einem Holzlöffel gut zerbröseln, bis nichts mehr rot scheint. Die Dose Tomaten samt Saft anschütten.
Die frische Petersilie mit dem trockenen Oregano fein wiegen und über die Pfanne streuen. Untermischen und mit feinen Prisen von Zimt, Piment, Pfeffer, Zucker und Salz nach Gusto abschmecken. Einschmoren lassen.
Denn jetzt tupfen Sie die Auberginenscheiben mit Küchenkrepp trocken und bestäuben sie mit Mehl. Plagen Sie sich nicht mit Tellern und Brettern: Dafür sind ja die modernen Küchenplatten gut und gedacht.
Ich kippe jetzt die eingeschmorte Fleischfarce in eine Schüssel und erhitze in der Pfanne viel Öl. Darin werden die Auberginenscheiben beidseitig und nacheinander rasch angebräunt. Daneben steht schon eine große tiefe Keramik- oder Backform, deren Boden mit einer Schicht Auberginen belegt wird.
Mit dem Gemüsehobel schnitzeln Sie darauf eine zarte Lage roher Kartoffelscheiben.
Sie wird gleichmäßig mit Farce aus der Schüssel bestrichen.
Und dann wieder: Auberginenscheiben, Kartoffelblättchen, Fleischfarce.
Was obenauf liegt, ist letztlich wurst – also am besten Fleischfarce. Die wird mit der Mischung aus Semmelbröseln und geriebenem Schafskäse bestreut und mit Butterflöckchen besetzt.
Sie schieben die Form in den Ofen und haben nun alle Zeit der Welt. Denn sobald Ihre Freunde kommen, drehen Sie auf 180 Grad, und nach 30–45 Minuten (je nach Auskühlung) ist mit einem gratinierenden Grillstoß zum Schluß alles gar.
Ich warne Sie allerdings: Solch ein Mahl beschert Dauergäste, wenn Sie die Verdauung mit Grappa und die Fröhlichkeit mit kräftigem Rotwein anregen.

Moussaka, s. o. ▷

9543/7,6 cm (3")
1.4116X45CrMoV15

Bœuf en daube

Zwischen Burgund und Provence, Languedoc und Camargue gibt es wohl einige Dutzend Rezepte, einen Schmortopf aus Rindfleisch zu bereiten. Mit Rotwein oder Weißwein, mit Tomaten oder weißen Bohnen, mit Kalbsfuß oder Schweineschwarte. Sie können experimentieren, so wie ich immer wieder. Sicher ist: Sie brauchen keine preziösen Lendenstücke, sondern kräftige Keule, Schulter oder Schwanzrolle. Und Sie brauchen Geduld – aber wenig Arbeitszeit –, denn dieser Topf, gußeisern oder irden, will auf dem Herd oder in der Röhre mindestens vier, fünf Stunden schmoren.

1 kg Rindfleisch
Thymian, Pfeffer, Salz
1 Täßchen Olivenöl und 1 Gläschen Marc
3 Glas Weißwein
1 Zwiebel, Karotte und Bouquet garni
2 Nelken und Knoblauchzehen
150 g Speck mit Schwarte
1 Kalbsfuß
300 g kleine Zwiebelchen
400 g Egerling-Köpfchen
300 g Tomaten
Brühe

Ich verwende dafür ein großes, ovales Tongeschirr mit Deckel, feuerfest, das ist groß genug von Anfang bis Ende.
Das Rindfleisch wird in ansehnliche Würfel geschnitten und im Topf mit Thymian, Pfeffer und Salz, mit Öl und Tresterschnaps durchgeknetet. So ruht es bedeckt erst einmal eine Stunde.
Dann wird es mit dem Wein, grob zerteilter Zwiebel und Karotte, Bouquet, Nelken und Knofl aufgemischt. Darin mariniert es einen halben Tag, ab und zu gewendet.
Jetzt füllen Sie die Mischung kurz in eine Schüssel um und bestücken den Schmortopf
- mit dem gewürfelten Schwartenspeck
- dem entbeinten, zerkleinerten Kalbsfuß
- den geschälten, ganzen Zwiebelchen
- den Pilzköpfchen
- den geschälten Tomaten.

Darauf wird *le bœuf* mit seiner Marinade geschichtet, der Deckel aufgesetzt, bei 220 Grad in die Röhre geschoben.
Sobald alles heiß durchzogen ist: heiße Brühe auffüllen, bis das ganze Schmorgut bedeckt ist, und wieder in den Herd. Bei höchstens 180 Grad bleibt *Bœuf* vier, fünf Stunden am Schmoren.
Vor dem Auftragen mischen, mit Muskat, Piment und Pfeffer abschmecken.
Baguette dazu reichen. Und einen vollmundigen Rotwein.

Coda alla vaccinara

Die Substanz heißt zwar bei uns wie in Italien Ochsenschwanz (coda di bue), das Gericht aber in richtiger Einschätzung der Geschlechtsverhältnisse „nach Kuhhirtinnenart". Und es ergibt einen der herzhaftesten – und preiswerten – Schmortöpfe auf meinem Küchenplan. Das Original enthält als Gemüse nur Tomaten und Bleichsellerie; wir schätzen dazu Mohrrüben.

1,5 kg Ochsenschwanz
Salz und Pfeffer
100 g Räucherspeck
2 Knoblauchzehen
2 Zwiebeln
1 Peperoncino
2 Glas Rotwein
500 g Tomaten
1 Stangensellerie
500 g große Möhren

Den Ochsenschwanz bekommen Sie schon gehackt beim Metzger. Seien Sie nicht schlau, indem Sie nur fleischige Stücke wählen, sondern noch schlauer, indem Sie auch reichlich kleinere Stücke nehmen, denn für Geschmack und Konsistenz kommt es auf Knochen und Knorpel an.
Sie waschen die Brocken, schneiden mit einem scharfen Messer die Haut ab und reiben kräftig mit Salz und Pfeffer ein.
In einer großen und schweren Kasserolle den gewürfelten Speck auslassen und die Coda mit zerquetschtem Knoblauch darin anbraten.
Grob gehackte Zwiebeln und Pfefferschote zugeben, noch bevor das Fleisch Saft zieht, damit dieser schon Pfiff bekommt.
Mit Rotwein löschen und eindünsten.
Frische geschälte Tomaten oder solche aus der Dose – ohne den harten Stengelansatz – dazugeben und den Deckel aufsetzen.
So schmort das jetzt zwei bis drei Stunden, aber ab und an schauen Sie nach, ob ein wenig Brühe, Tomatensaft oder Wein – ganz nach Belieben – nachzufüllen ist, denn das Ragù soll im Sugo schmurgeln.
In der Zeit putzen, waschen und schneiden Sie Selleriestangen und Möhren in kleinfingergroße Stücke.
Wenn das Fleisch sich mürbe von den Knochen löst, dieses Gemüse in den Topf mischen. Im guten Fall ist es nach 20 Minuten gar und alles fertig zum Auftragen.
Ein Tip aber noch zum besseren Ende: Im Interesse der Tischkultur empfiehlt es sich, die Coda aus dem Topf zu nehmen, wenn Sie das Gemüse eingeben, und den Fleischanhang von den Knochen zu lösen. Dann geben Sie beides wieder zu und auf den Tisch. So müssen die Gäste nicht mit Messer, Gabel und Fingern wüten. Aber nagen dürfen sie schon.

Cassoulet

Auch hier hat der Topf, die bäuerliche *cassoule*, dem Gericht den Namen gegeben. Darin wurden weiße Bohnen auf dem Herd weich gekocht und im Herd mit den Fleischsorten geschmort, die der Hof hergab: Schwein, Hammel, Gans, geräucherte Würste und Speck.

500 g weiße Bohnen
300 g Speckseite oder Schweineschwarten
Zwiebel, Knoblauchzehen, Bouquet garni
500 g Schweinefleisch (Schulter)
500 g Lammfleisch (Keule)
Schweineschmalz
Pfeffer und Salz
500 g Knoblauchwurst
Semmelbrösel

Die Bohnen werden über Nacht eingeweicht und am nächsten Tag mit Speck, Zwiebel, Knoblauch und Kräutern erhitzt: in ihrer Einweichbrühe – die wichtige Nährstoffe enthält –, aber nicht zu sehr, denn die Kraft der Bohnen besteht in Eiweiß, das keine Siedetemperaturen verträgt. Zwei Stunden dauert dieses langsame Garen.
Das Schweine- und Lammfleisch braten Sie in Schmalz an, pfeffern und salzen es und gießen ein wenig Wasser an, damit es schön durchschmoren kann. Ist es soweit, dann legen Sie auch die Kochwurst in den Fond, sie zieht in zehn Minuten durch. Fleisch, Speck und Wurst teilen Sie in Portionsstücke.
Nun nehmen Sie Ihre irdene und feuerfeste Cassoule und schichten darein Bohnen, Fleisch und Bohnen. Übrige Brühe und den Bratfond gießen Sie darüber, streuen Semmelbrösel darauf, schieben den Topf in die Röhre und lassen die Feuchtigkeit so lange einziehen – bei mittlerer Hitze – bis die Brösel zur goldenen Kruste werden.
Die wird dann bei Tisch geknackt und traditionell untergezogen.

Farsumagru

Dieses sizilianische Festmahl ist gewiß kein magerer, sondern ein höchst üppiger Rollbraten nach Hausmannsart. In meiner Familie hat er sich seit Jahren als heißer Favorit bewährt und dabei eine eigene Note entwickelt: mit überquellendem Füllsel und tomatiger Sauce zu trockenem Kartoffelbrei. Eigentlich nimmt man dazu eine riesige Rouladenscheibe, die flach geklopft wird; doch Sie können ebenso einige dünne Schnitten von „normaler Übergröße" verwenden, die eine entsprechend geringere Schmorzeit haben.

- 400 g Rindsroulade
- 300 g Schweinsbratwurst (Salsiccia)
- 100 g roher Schinken
- 2 hartgekochte Eier
- 1 frisches Ei
- 3 weiße Zwiebeln
- 60 g geriebener Caciocavallo oder Parmesan
- 1 Handvoll gehackte Petersilie
- Oregano und Thymian, getrocknet und verrieben
- Muskat, Pfeffer, Salz
- 2 Löffel Schweineschmalz
- 1–2 Glas Rotwein
- 2 Löffel Tomatenmark

Das Schweinebrät wird mit fein geschnittenem Schinken, grob gewürfelten Eiern und dem zerquirlten Ei, einer gehackten Zwiebel und Käse, Kräutern und Gewürzen zur kräftigen Farce gemischt.

Die Roulade(n) so groß und dünn wie möglich ausklopfen und mit der Farce bestreichen. Einrollen und mit einem Faden gut umwickeln.

Nun lassen Sie in einem schweren Schmortiegel das Schmalz aus und braten darin die Roulade(n) mit den zwei übrigen gehackten Zwiebeln rundum schön braun an. Ein Glas Rotwein angießen, den Deckel aufsetzen und etwa anderthalb Stunden sanft schmoren. Ab und zu wenden, wenn nötig Wein – oder Brühe – nachfüllen.

Man kann korrekt Tomaten-Sauce dazu servieren.

Ich bereite allerdings die Farce so reichlich, daß ein Teil davon noch im Bratensaft mitschmort; ein paar Speckwürfelchen schaden auch nicht. Dann brauche ich am Schluß nur die Roulade(n) herauszunehmen und den Faden abzuwickeln (sonst wird's furchtbar bei Tisch); rühre das Schmorgut mit einem Glas Rotwein auf und dicke es mit ein, zwei Löffeln Tomatenmark zur Sauce ein, auf der mein Farsumagru unter dem Deckel noch einmal heißzieht und aufgetragen wird.

Wenn etwas übrig bleibt, gibt das fabelhafte und dekorative Fleischschnitten auf kalter Platte mit schwarzen Oliven und Scheiben hartgekochter Eier.

Bei uns bleibt nie etwas übrig.

Bollito misto

Gemischtes Gekochtes: Rindfleisch, Kalbszunge, Schweinswurst und Huhn aus und mit der Brühe und Gemüsen zu Grüner Soße. Es ist doch erstaunlich, was sich hinter einem so bescheidenen Begriff verbirgt! Und welche Genüsse. Denn Bollito misto gehört nach meiner Überzeugung zu den großen, eigentlich einfachen Mahlzeiten, die sehr klare Eindrücke in großer Vielfalt verbinden. Ich meine, es gehöre ein frischer Weißwein dazu oder ein herbes Pils – und Zeit zu genießen und zu reden.

1 kg Rindfleisch
1 Kalbszunge
1 Suppenhuhn
1 Cotechino (gekochte Schweinswurst)
Suppengrün, Lorbeer, Pfeffer und Wacholder
4 weiße Zwiebeln
6 rote Möhren
6 Stangen Sellerie
4 Lauchstangen
Salsa verde:
1 Bund Petersilie und Basilikum
1 Knoblauchzehe
1 Schalotte
2 Löffel Kapern
1 Essiggurke
Zitrone und Olivenöl
Pfeffer

Das Rindfleisch wählen Sie aus der Hüfte, die Zunge nicht zu groß, das Huhn nicht zu alt, und die frische Schweinswurst bekommen Sie gekocht als *cotechino lampe* folienverpackt im italienischen Feinkostladen.

Zu Hause brauchen Sie einen 6–8 Liter fassenden Suppentopf, am besten eine Marmite. Darin kochen Sie mit Salzwasser und den Suppengewürzen eine ordentliche Brühe auf, in der zunächst einmal das Rindfleisch gut bedeckt eine Stunde leise siedet.

Dann geben Sie die gewaschene Kalbszunge und die Hühnerhälften hinzu und füllen die notwendige Wassermenge auf. Es dauert schätzungsweise noch anderthalb Stunden, bis Rind und Kalb und Huhn gar gezogen sind.

Deshalb bereiten Sie jetzt erst einmal die *salsa verde:* Kräuter, Knoblauch und Schalotte fein wiegen, die Kapern grob zerhacken und die Gurke kleinwürfeln. Mit wenig Zitronensaft und viel Öl vermischen, pfeffern und im Kühlschrank ziehen lassen.

Nun schälen und putzen Sie die Gemüse: Die Zwiebeln vom Stiel her kreuzweise einkerben, die Möhren wie den Sellerie in fingerlange Stücke schneiden und vom Lauch nur das Weiße im Ganzen verwenden. Sie alle ziehen jetzt in der Marmite gar, etwa 20 Minuten.

Das ist genau die Zeit, die auch der Cotechino in der Regel braucht: Sie stupfen die Pelle mit einer Gabel ein, damit das Fett entweichen kann, und lassen diese Wurstrolle in einem getrennten Topf heiß werden und zehn Minuten leise sprudeln.

Jetzt brauchen Sie eine riesige Platte und auf dem Tisch einen Rechaud. Die Wurst pellen, das Huhn häuten und zerlegen und mit Fleisch und Gemüse auf der Platte dekorieren, mit Brühe begießen und warmhalten. Bei Tisch dann erst das Fleisch in Scheiben schneiden und die Schale mit Grüner Soße und eine Terrine mit Brühe dazu stellen.

Brühkartoffeln passen dazu natürlich vorzüglich – Sie brauchen sie nur rechtzeitig in den sanft wallenden Topf Bollito misto einzulegen.

Gaisburger Marsch

Diese Erfindung eines Gaisburger Wirtes ist so verlockend, daß seinerzeit die knapp gehaltenen Soldaten den langen Marsch vom Rotebühl durch Stuttgart zum Neckar auf sich genommen haben (sollen): daher der Name. Auf jeden Fall ist dieser Eintopf einfach, sättigend und verträgt außer Spätzle und Kartoffeln weitere Gemüseeinlagen, mit denen man ihn leicht zur üppigen Minestra ausgestalten kann. Die Verwandtschaft zwischen den fleißigen Schwaben und der tüchtigen Lombardei kommt wie bei den Maultaschen nicht von ungefähr.

500 g Rindfleisch (Querrippe)

Suppenknochen

Suppengrün und Zwiebel

200 g Kartoffeln

Spätzle aus 2 Eiern (S. 30)

Pfeffer und Salz

Petersilie

Das Rindfleisch wird mit Knochen, Grün und Zwiebel in kaltem Salzwasser aufgesetzt und gegart.

Die geschälten und geviertelten Kartoffeln kochen Sie extra in wenig Salzwasser.

Zeit genug, die Spätzle zu schaben und in kaltem Wasser abzuschrecken.

Die Suppenbrühe durchseihen und in feuerfestem Glasgeschirr wieder erhitzen. Das Fleisch, frei von Fett, in kleine Würfel schneiden und samt Kartoffelschnitz und Spätzle zur Brühe geben. Pfeffern, salzen und mit gehackter Petersilie bestreut auftragen.

Potée

Kohl, Karotten und Kartoffeln bilden die Grundlage dieses herzhaften Eintopfes. Speck muß sein – bei Auswahl und Menge der Würste haben Sie freie Hand, Sie kennen ja Ihre Gäste.

1 kg Grünkohl oder Wirsing

300 g schöner Rauchspeck

100 g Butter

1 kg Kartoffeln

500 g Karotten

Thymian, Lorbeer, Pfeffer, Salz

1 Tasse Brühe

Diverse *saucissons*, geräucherte Würste Zungenwurst, Pfälzer, Debrecziner…

500 g Blutwurst oder -würstchen

In einer mächtigen Kasserolle sieden Sie zuerst den halbierten Kohl zusammen mit der Speckseite ein viertel Stündchen in reichlich Wasser. Diese Brühe weggießen und den Kohl abtropfen lassen.

Jetzt wird in der Kasserolle die Butter ausgelassen und der Kohl darin gedämpft, mit dem Speck, den geschälten und halbierten Kartoffeln und Karotten umlegt und gewürzt.

Mit der Brühe löschen und eine Stunde leise köcheln. Nach 40 Minuten legen Sie die diversen Würste bei, damit sie garziehen.

Die Blutwurst wird zum Schluß in einer Pfanne rasch angebraten und alles auf einer gewaltigen Platte dekoriert.

Olla potrida

Mit der Üppigkeit des Marxen Rumpolt (S. 13) ist nicht zu konkurrieren. Wenn Sie dennoch eine altspanische Kochorgie feiern wollen und mindestens eine *olla,* einen Riesentopf von 8–10 Litern haben, versuchen Sie es nach diesem Rezept:

500 g Rinderbug
500 g Hammelkeule
1 Suppenhuhn
1 Schweinsohr
1 großer Markknochen
1 große Zwiebel, mit 3 Nelken gespickt
1 Lauchstange und Petersilienwurz samt Grün
Lorbeerblätter und Pfefferkörner
250 g Rauchspeck oder Schinken
250 g weiße Bohnen oder Kichererbsen
250 g Knoblauchwurst *(chorizos)*
500 g Karotten
500 g Kartoffeln
250 g grüne Bohnen
250 g frische Erbsen
1 kleine Selleriestaude
1 Mangoldstaude
1 kleiner Weißkohl
Suppennudeln, Kerbel, Safran
Knoblauchzehen, Pfefferkörner, Chilischote
Olivenöl

Im Suppenkessel mit einigen Litern kaltem Wasser bringen Sie alles Fleisch mit Schweinsohr und Markknochen und den Suppenwürzen zum Sieden. Abschäumen und leise weiter köcheln. Nach einer Stunde geben Sie den Rauchspeck oder Schinken und die vorgeweichten weißen Bohnen oder Kichererbsen hinzu, vielleicht auch etwas Salz.

Nach weiteren zwei bis drei Stunden schöpfen Sie einen Liter Brühe in einen zweiten Topf und garen darin mit der Knoblauchwurst die geputzten ganzen Gemüse: Karotten, Kartoffeln, grüne Bohnen, Erbsen, Sellerie und Mangold, den Krautkopf geachtelt.

Sobald diese gar sind, gießen Sie die Gemüsebrühe und die Fleischbrühe durch ein Sieb und in eine große Suppenterrine, fügen gekochte Nudeln und eine Handvoll gehackten Kerbel hinzu und würzen mit einer Prise Safran: Dies ist der erste Gang. (Warm halten.)

Die *pièce de résistance,* den Hauptgang, können Sie jetzt herrichten.

Auf einer großen Platte dekorieren Sie in einem Kranz von weißen Bohnen und Kartoffeln die hübsch geschnittenen und tranchierten Fleischstücke und stellen sie warm.

Auf einer zweiten Platte garnieren Sie die übrigen Gemüse und übergießen sie mit einer Spezialsauce: Einige Pfefferkörner mit einer Chilischote und zwei, drei Knoblauchzehen im Mörser zerstoßen. Die Masse in heißem Öl andünsten, das ausgelöste Knochenmark darin auflösen und mit etwas Brühe anreichern.

Und nun ist alles bereit zum großen Schmausen: die Suppe, die Fleischesfülle und die Grünzulage. Olla potrida!

Paella

Die Anschaffung der weiten Paella-Pfanne lohnt sich, denn darin lassen sich auch andere Ofengerichte bereiten und appetitlich auftragen. Doch ebenso eignet sich eine gußeiserne Pfanne, wenn sie nur sehr groß ist und einen hohen Rand besitzt. Denn hier schmort alles – und das heißt viel – in einem Topf.

1 Brathähnchen
400 g Schweineschnitzel
400 g Calamares
4 Tomaten
2 Paprikaschoten, rot und grün
1 Dose Artischockenböden
1 Glas Miesmuscheln
300 g Gambas
1 Gläschen Paprikaoliven
1 Zwiebel
4 Knoblauchzehen
1 Täßchen Olivenöl
2 Tassen Rundkornreis
1 Tasse Erbsen
Brühe
1 Prise Safran

Wenn erst einmal die Vorbereitungen getroffen sind, erledigt der Ofen den Rest.
Hähnchen in sechs Portionsstücke teilen und dabei das Rückgrat gleich auslösen.
Schweineschnitzel in kräftige Streifen schneiden.
Tintenfische in Ringe und Tentakel zerlegen.
Tomaten schälen und vierteln.
Paprika zu Streifen schneiden.
Artischocken und Muscheln abtropfen lassen.
Gambas und Oliven kurz wässern.
Zwiebel und Knoblauch grob hacken.
Jetzt lassen Sie in der Pfanne das Öl heiß werden und schäumen darin Zwiebel und Knoblauch auf. Rasch das Hähnchen scharf anbraten und dann das Schweinefleisch dazu. Der Tintenfisch wird mit Tomaten und Paprika eingekocht, die Flüssigkeit soll rasch verdampfen.
Jetzt noch einen Schuß Olivenöl darübergeben und den Reis erst aufstreuen, dann unterheben. Sie gießen so viel Brühe mit der Safranprise daran, daß das Ganze bedeckt ist, und schieben die Pfanne in den Ofen (180 Grad).
Nach zehn Minuten mischen Sie die Erbsen unter und prüfen, ob noch Brühe notwendig ist, denn die Paella darf nicht trocken werden.
Nach weiteren fünf Minuten legt man noch die Artischocken, Muscheln und Garnelen in die Reispfanne (Brühe ergänzen?), streut Oliven darüber und deckt mit einer Folie ab, damit alles hübsch eindampft.
Die Hitze können Sie jetzt abschalten, denn in zehn Minuten ist die Paella fertig und kann im offenen Ofen noch etwas heiß gehalten und trockener werden, falls Sie mit der Brühe zu großzügig waren.
Dazu gibt es roten Rioja.

◁ Paella, s. o., Paellapfanne: Spring

Bigos

Bigos ist ein polnisches Nationalgericht. Feste Regeln für seine Zubereitung sind nicht zu finden. Festzustehen scheint nur dreierlei:
Er wird in gewaltigen Mengen gekocht – auch deshalb, weil er beim dritten Aufwärmen am besten schmecken soll.
Der Anteil von Fleisch und Wurst soll mindestens so groß sein wie der von Kraut und Kohl.
Je vielfältiger die Fleischsorten, desto echter der Bigos – das war ein altpolnisches Festessen, in dem die Bratenreste samt Saucen ebenso wie die frische Jagdbeute verarbeitet wurden.
Sie brauchen dazu mindestens einen 6-Liter-Topf – emailliert, sagen die Experten –, in dem sich alles sammelt; und einen Schmortiegel, aus dem Sie die Zulieferung bestreiten.
Wegen der Beilagen brauchen Sie sich keine Gedanken zu machen. Eiskalter Wodka ist wichtiger als trockenes Brot.

250 g durchwachsenes Bauchfleisch (Speck)
750 g Weißkohl
750 g frisches Sauerkraut
500 g saure Äpfel
50 g getrocknete Mischpilze
1 Handvoll Backpflaumen
3 große Zwiebeln
400 g Schweinenacken
400 g Schmorfleisch vom Rind
200 g Wildgulasch
200 g Entenfleisch
200 g geräucherte Knoblauchwurst
200 g gekochter Schinken
1 Löffel Butter
Wacholderbeeren, Majoran, Lorbeer, Kümmel
Pfeffer und Salz
Tomatenmark

In dem großen Topf bringen Sie einen Liter Wasser zum Sprudeln und sieden darin drei Minuten lang den grob gewürfelten Bauchspeck. Dann schöpfen Sie die Würfel mit dem Schaumlöffel in den bereitstehenden Schmortiegel.
In der Fettbrühe wird zuerst der grob geschnittene Weißkohl und dann das ausgepreßte Sauerkraut angeköchelt. Nach 10 Minuten schöpfen Sie die überschüssige Gemüsebrühe ab und geben die Äpfel, gewürfelt, geschält, ohne Kerngehäuse, dazu. Das schmort leise weiter.
Die Pilze einweichen. Die Backpflaumen in Streifen von den Steinen schneiden. Die geschälten Zwiebeln in grobe Streifen zerlegen. Fleisch und Schinken in Würfel, Wurst in Scheiben teilen.
Im Schmortiegel wird jetzt der Speck mit einem Löffel Butter und den Zwiebelschnitzen gelb gedünstet und beides unter den Bigos gemengt. Im verbliebenen Fett das Schweinefleisch heiß anrösten – auch zum Bigos löffeln.
Im vermehrten Fett wird das Rindfleisch angeschmort – und ebenso in den großen Topf übertragen. Dazu die Pflaumenstreifchen und die abgegossenen eingeweichten Pilze.
Das Wildgulasch wird mit zermörserten Wacholderbeeren und einem weiteren Löffel Butter in dem Tiegel angebraten – dann in den Topf. Das Entenfleisch mit zerriebenem Majoran bestäubt rasch im heißen Tiegel wenden – und dem Bigos einziehen.
Wurstscheiben und Schinkenwürfel fügen Sie direkt dem Topf bei, der alles eint. Und bestimmt haben Sie gemerkt, daß man ihn immer wieder durchwenden muß – fehlt ihm Flüssigkeit, gieße ich Weißwein nach. (Polen meinen: Madeira.)
Während Sie nun den Tiegel spülen und Ihre Küche aufräumen, zieht Ihr Bigos würzig gar. Insgesamt dauert die ganze Tour wohl anderthalb Stunden. Zum Schluß hebt man eine gemörserte Mischung aus zwei Lorbeerblättern, einem Löffelchen Kümmel, Pfeffer- und Salzkörnern mit zwei oder drei Löffeln Tomatenmark unter.
Nun können Sie den Bigos in die Röhre schieben, vielleicht in einem wunderschönen großen Keramiktopf, auf sanfte 80 Grad drehen und gelassen auf Ihre Gäste warten.

Von Äckern und Beeten

Feldfrüchte

Wer einen Topf mit Stil preist, muß sich wohl mannhaft auch zum Eintopf bekennen. Für die Älteren unter uns haftet dem Wort noch ein ungutes Rüchle an aus finsteren Zeiten, in denen ein Volk sich händereckend um die Gulaschkanone versammeln und mit dem wöchentlichen Eintopf auch bei Tisch noch sein Treuebekenntnis ablegen sollte. Das ist noch heute keine kulinarische Erinnerung – in keiner Weise.

Doch wie fein und köstlich eine Erbsen- statt einer Erbswurstsuppe sein kann, lehrt uns die französische Potage Saint-Germain, und so wenden wir uns mit Begeisterung den internationalen Spezialitäten zu, die aus den Früchten von Äckern und Beeten bereitet werden – Kraut und Rüben, Hülsen und Schoten. Unsere Auswahl ist klein, aber das Spektrum groß. Vom mächtigen Borschtsch zur zarten Grünen Sauce, das regt die Phantasie an. Und wenn Sie die Ihre spielen lassen, werden Sie rasch entdecken: Man muß nicht Vegetarier sein, um rund ums Jahr vegetarisch zu genießen. Frische Feldfrüchte findet man immer, und sie verlangen, zart gedünstet und kombiniert, zur Begleitung nicht viel mehr als ein leichtes Öl, eine sahnige Butter und würzige Kräuter.

Suppentopf: Spring ▷

Potage Saint-Germain

Diese Crèmesuppe kann man natürlich auch mit gewaschenen Trockenerbsen (ca. 400 g) herstellen. Dann simmert der Topf mit viel Wasser an die zwei Stunden, ehe püriert wird. Aber der Reiz liegt nicht zuletzt in der Frische, und die läßt sich eher auch mit tiefgekühlten Sorten extra fein erreichen.

- 800 g frische Palerbsen
- 2 Löffel Butter
- 1 Karotte
- 1 Lauchstange oder Frühlingszwiebeln
- Fleischbrühe
- 1 Bouquet garni
- Pfeffer, Salz, 1 Prise Zucker
- 1 Becher Crème fraîche
- Kerbel

In großer Kasserolle die Butter zerlassen und die gewürfelte Karotte mit dem fein geschnittenen Weiß von Lauch oder Frühlingszwiebeln darin andünsten. Die Erbsen unterheben, die Brühe auffüllen, das Bouquet einlegen und eine knappe halbe Stunde köcheln. Wahrscheinlich müssen Sie immer etwas Brühe nachgießen.

Das Bouquet entfernen und das Ganze im Mixer fein pürieren, dabei noch einmal Brühe einquirlen, damit eine glatte Konsistenz entsteht. In der Kasserolle wieder aufköcheln, mit Pfeffer, Salz und einer Prise Zucker abschmecken und den Schaum abschöpfen.

Heiß von der Platte nehmen und die Sahne mit einer Handvoll gehacktem Kerbel einrühren.

Čorba

Ob Sie diese dalmatinische Bohnensuppe nun als Wintermahl oder Mitternachtsschmankerl reichen: Sie kräftigt und macht munter.

- 400 g weiße Bohnen
- 300 g Rauchspeck
- Lorbeerblatt und Wacholderbeeren
- 1 Löffel Schweineschmalz
- 2 Zwiebeln
- 1 kleine Dose Tomaten, geschält
- 1 Löffel süßer Paprika
- Majoran, Pfeffer, Salz
- 1 Schale Sauerrahm
- Weinessig
- 1 Bund Dill
- Mixed Pickles

Die Bohnen werden gewaschen und über Nacht in Wasser geweicht und im selben großen Topf aufgesetzt, nachdem man umgerührt, aufgefüllt und die Ablagerungen an der Oberfläche abgeschöpft hat. Zusammen mit dem Speck, Lorbeer und ein paar Wacholderbeeren köcheln sie in zwei Stunden weich.

In der Zeit lassen Sie das Schmalz aus und dünsten darin die gehackten Zwiebeln, schütten die Tomaten an und lassen die Mischung mit viel Paprika, verriebenem Majoran, Pfeffer und Salz eindicken.

Den Speck aus dem Bohnentopf fischen und klein gewürfelt mit der Tomatensoße unter die Bohnen ziehen, noch einmal aufblubbern und auftragen.

Bei Tisch steht die Schale Sauerrahm, eine Karaffe Essig und das Schüsselchen mit gehacktem Dill bereit, und jeder mischt daraus nach Belieben in seinen Teller.

Die Mixed Pickles dazu sind Gabelbissen – also eine große Platte davon mit vielen Stickers.

Minestrone alla milanese

Dieser Klassiker aus der Lombardei beschert dreifaches Vergnügen. Das erste beim Gang über den Markt, wenn Sie aus dem Tagesangebot die frischesten Feldfrüchte zusammenstellen – denn Variationen sind statthaft. Das zweite ist für Tüftler: Der passende Schnitt und die Zufügung der Sorten zum richtigen Zeitpunkt, damit sie ideal sich vereinen zu Biß und Genuß. Und das dritte, logo, ist bei Tisch. Das ist keine Gemüsesuppe, das ist ein mittleres Epos.

Battuto: 100 g Pancetta oder Schinkenspeck

1 Zwiebel

3 Petersilienstengel

1 Knoblauchzehe

Olivenöl

Ingredienzien:
100 g frische oder geweichte Borlotti-Bohnen

4 Tomaten, geschält

Oregano

2 Selleriestangen

2 Karotten

2 Kartoffeln

1/4 Weißkohl

100 g frische Erbsen

100 g Schnittbohnen

1 Zucchini

100 g Pasta: Penne rigate, Orecchiette

gehackte Petersilie

Parmesan

Speck, Zwiebel, Petersilie und Knoblauch werden fein geschnitten in Öl glasig gedünstet und dann mit den abgetropften Bohnenkernen (nicht aus der Dose!) ölig verglänzt.
Die geschälten Tomaten – denen Sie den Stielansatz ausziehen – mit einem Pfötchen Oregano darin aufköcheln, Selleriescheibchen unterziehen, mit zwei Litern Wasser aufgießen und eine halbe Stunde sanft köcheln. Denn dies ist und bleibt Gesetz: Eine Minestrone darf nicht brodeln, sonst zerfällt ihre Komposition.
Dies müssen Sie also beachten, wenn Sie nun gewürfelte Karotten und Kartoffeln, Kohlstreifen, Erbsen und Schnittbohnen hinzugeben – die garen in mehr oder weniger als einer halben Stunde. Die Pasta braucht kaum mehr als zehn Minuten und Zucchini sind empfindsam: Darum werden sie, ungeschält und in festen Streifchen, mit den Penne zum Schluß aufgeköchelt.
Wahrscheinlich müssen Sie Wasser nachgießen – Minestrone ist ein mittleres Epos zwischen Brühe und Eintopf.
Serviert wird es im großen Topf, und schön sieht es aus, wenn er aus Jenaer Glas ist. Mit Petersilie bestreut. Und geriebenen Parmesan ad libitum. Auf beides können Sie verzichten, wenn Sie einen Pesto genovese dazu bieten: S. 38. Der öffnet die vierte Dimension: Die Ahnung der kulinarischen Vollkommenheit.

dell'ippodromo di Maia
Merano

Parmigiana di melanzane

Bei „parmigiana" handelt es sich natürlich um Gerichte, denen Parmesan-Käse die charakteristische Note verleiht. Begnügen Sie sich da nicht mit anderen, auch nicht dem geriebenen aus dem Tütchen. Außer dem Original *Parmigiano reggiano* kommt nur der etwas preisgünstigere und schärfere *Grana* in Betracht, und frisch gebrochen muß er sein, tränen soll er. Und raspeln tun Sie selbst.

4 große Auberginen – reichlich ein Kilo
Salz, Mehl
Olivenöl
1 Zwiebel
800 g Tomaten
Basilikum, Salz und Pfeffer
2 hartgekochte Eier
1 Mozzarella oder Scamorza
150 g Parmesan

Die Auberginen der Länge nach in kleinfingerdicke Scheiben schneiden, mit Salz bestreuen und in einem Sieb eine halbe Stunde Wasser ziehen lassen.

Unterdessen bereiten Sie einen einfachen Tomaten-Sugo: Die gehackte Zwiebel in Öl glasig braten und die geschälten, von den Kernen befreiten Tomaten gestückelt einköcheln. Später das frische, geschnittene oder getrocknete Basilikum zugeben, mit Salz und frischem Pfeffer würzen.

Die Auberginen tupfen Sie nun mit Küchenkrepp trocken, bestäuben die Scheiben mit Mehl und backen sie in einer großen Pfanne mit viel Öl nacheinander sanft golden von beiden Seiten.

Eier und Mozzarella oder den noch feineren Scamorza-Käse in dünne Scheiben schneiden, Parmesan reiben.

Und jetzt wird alles in einer feuerfesten Form zum Gratin vereint:

Erst eine Schicht öliger Melanzana, mit Parmesan bestreut, mit Ei- und Büffelkäse-Scheiben belegt, dann mit Tomaten-Sugo überstrichen. Und wieder Auberginen, Parmesan, Scheiben, Sugo. Der ist zuletzt auch obenauf.

Im Ofen eine knappe halbe Stunde bei 180 Grad überbacken. Sie meinen, das sei einige Arbeit? Es ist aber auch eine wunderbare Mahlzeit, warm oder kalt!

◁ Minestrone alla milanese, S. 135, Fleisch- und Gemüsetopf: Spring

Ratatouille

Es mag ja seltsam klingen. Aber bei diesem Gemüse – ach was, Tiegel der herrlichen Feldfrüchte ist nur zweierlei unabdingbar. Das köstlichste Olivenöl, das Sie finden, und die leckersten prallen Ernten, die in den Marktkörben prangen. Alles weitere sind Varianten, ist Phantasie: Von der Kombination mit eingebratenen Fleischstückchen über die Zutat von geschmortem Geflügel bis zur Beilage von kaltem Fisch. Erlaubt ist, was schmeckt. Hier also das Grundrezept:

1 Täßchen Olivenöl
2–3 Knoblauchzehen
2 große weiße, rote oder Gemüse-Zwiebeln
3 Paprikaschoten, grün, gelb, rot
2 Auberginen (500 g)
3 Zucchini (Courgettes) (500 g)
6 Tomaten (500 g)
Kräuter: Thymian, Basilikum, Rosmarin, Lorbeer
Weißwein: herb und trocken
Frischer Pfeffer und Salz

Knoblauch in Blättchen, Zwiebel in Scheiben, Paprika in Ringe, Auberginen in Würfel, Zucchini in Rädchen, geschälte Tomaten in Viertel schneiden. Öl im Caquelon erhitzen, nacheinander Knoblauch, Zwiebel, Paprika, Auberginen und Zucchini einschmoren und dann die Tomatenstücke mit den Kräutern. Alles soll sich knapp à point entwickeln. Wird dann mit Wein und Würze rasch eingedickt und serviert. Heiß oder kalt, mit Parmesan oder Petersilie, mit Baguette oder Croutons genießen.

Peperonata

Dieses milde Gemüseragout ist warm wie kalt erfrischend. Wer es rassiger mag, schmort eine zerbröselte Chili-Schote mit.

4 Paprikaschoten, rot, gelb, grün
2 große Zwiebeln
1–2 Knoblauchzehen
6 fleischige Tomaten
1 Täßchen Olivenöl
evtl. 1 Chilischote

Paprika entkernen und in Ringe schneiden, die Zwiebeln in kräftige Scheiben und den Knoblauch in Scheibchen. Die Tomaten werden gebrüht, geschält und geviertelt, wobei man den solaninhaltigen Stielansatz entfernt.
In einer Kasserolle mit dem Öl Zwiebeln und Knoblauch fünf Minuten andünsten. Paprika hinzugeben und zehn Minuten einziehen. Dann die Tomatenstücke mit Pfeffer, Salz und eventuell Chili würzen und unter dem Deckel eine Viertelstunde einköcheln.

Borschtsch

Die feine Fama meint, der russische Rote-Bete-Topf strotze vor Rindfleisch. Glauben Sie's nicht, die Kulaken waren viel zu arm dafür. Entscheidend, auch für den Geschmack, sind die Wurzel- und Knollengemüse. Aber ich gebe zu, daß auch ich der Brühe aus vielen Fleischknochen gerne ein Trumm Hüftfleisch beifüge, das dann kräftig gewürfelt und mild zerkocht zum Schluß in den Topf wandert. Wenn da also „Fleischbrühe“ steht, haben Sie die Wahl: Es entweder bei der ziemlich vegetarischen Version aus Extrakt zu belassen, oder sie selbst und mit Markknochen und Rindsbrust zu bereiten.

- 200 g Zwiebeln
- 500 g Rote Bete
- 300 g Karotten
- 200 g Sellerieknolle
- 100 g Petersilienwurz
- Sonnenblumenöl
- 500 g Tomaten (geschält aus der Dose)
- Roter Weinessig
- Rindsbrühe
- 500 g Weißkohl
- Zucker, Pfeffer, Salz
- Saure Sahne
- Dill

Die Wurzelgemüse werden geschält, in grobe Stücke zerteilt und – Zwiebeln zuerst – in einem großen schweren Suppentopf mit reichlich Öl angedünstet. Die Tomaten anschütten, mit einem kräftigen Schuß Essig würzen und so viel Brühe auffüllen, daß die Füllung gut bedeckt ist. Aufkochen und eine halbe Stunde simmern.
Auch der Weißkohl wird nun grob geschnitten, untergemengt und mit zusätzlicher Brühe etwa 20 Minuten eingeköchelt. Am Biß merken Sie, wenn er gar ist, und schmecken den Borschtsch dann mit Zucker, Pfeffer und Salz ab. So Sie in der Brühe Fleisch gekocht haben, wird es nun in kräftigen Würfeln beigefügt und rasch noch einmal aufgekocht, ehe Sie auftragen. Sahne und gehackter Dill stehen auf dem Tisch – jeder bedient sich nach Belieben.

Tian de courgettes

- 1 kg Zucchini
- 2 Knoblauchzehen, Salz
- Olivenöl
- 1 Ei
- frisch gemahlener Pfeffer
- 1 Handvoll Semmelbrösel
- 1 Handvoll Gruyère, gerieben

Möglichst kleine Zucchini verwenden – *zucchinetti, courgettes* – und in nicht zu dünne Scheiben schneiden. Den mit Salz zerquetschten Knoblauch in heißes Öl geben und die Zucchini darin bis zum Biß dünsten. Vom Feuer nehmen und das verquirlte Ei mit Pfeffer und Salz einrühren. In einen irdenen Tiegel geben – *tian* – und mit der Mischung aus Brotkrümeln und Käse bestreuen, mit Öl beträufeln und unter dem Grill gratinieren.

◁ Peperonata, S. 139, Sauteuse (hochwandige Stielpfanne): Spring

Gefüllter Kohlkopf

Systematiker werden die Stirne runzeln: Das könnte ja auch Kraut mit Fleisch heißen. Ich halte mich an das blumige Original von der Côte d'Azur *Chou farci à la mode de Grasse.* Denn am Ergebnis wird jeder erfahren: Es triumphiert der würzige Kohlgeschmack über die herzhafte Fleischesfülle, und nebenbei gewinnen Sie auch noch eine kräftig trübe Gemüsebrühe, die jeden gestreßten Gaumen entzückt.

1 Wirsingkopf von anderthalb Kilo
400 g Hackfleisch von Rind und Schwein
1 Zwiebel
1 Karotte
2 Knoblauchzehen
2 Eigelb
1 Löffel kleine Kapern
Thymian, Oregano, Muskat, Pfeffer, Salz
Fleischbrühe (Extrakt oder feiner Fond)

Den Kohlkopf befreien Sie von den ausgemergelten Außenblättern und dem Strunk und lassen ihn in einem Topf mit Salzwasser in toto zehn Minuten garen. Herausfischen und kopfüber abtropfen lassen. Die Blätter behutsam nach außen biegen und den faustgroßen Kern auslösen und klein hacken.
Dieses Haché wird mit dem Fleisch, fein geschnittener Zwiebel und Karotte, in Salz zerquetschtem Knoblauch, rohen Eidottern und Gewürzen zur Farce durchgeknetet.
Damit füllen Sie, faustgroß, wieder den Kohlkopf, schlagen die ersten Blätter darüber und streichen schichtweise soviel Farce zwischen die weiteren, wie nur irgend geht. Zum Schluß haben Sie wieder einen prallen Kohlkopf – aber gefüllt. Der bewahrt freilich nur Contenance, wenn Sie ihn nun mit einem Faden gut umwickeln.
Diesen *chou farci* setzen Sie in einen Topf mit siedender Fleischbrühe und Bouquet garni und lassen ihn unter dem Deckel – auch im Ofen – ein bis zwei Stunden sanft garziehen: Es kommt nicht auf die Minute an, eher je länger je lieber.
Ein Tip dazu: Wenn der Tiegel groß genug ist und Sie in der letzten guten halben Stunde eine Ladung Kartoffelschnitten hinzugeben, dann haben Sie das perfekte Mahl aus einem Topf.
Brühe vorweg, Kohlschnitten mit Fleisch und Kartoffeln – Aïoli, S. 61 und Pesto S. 38 dazu. Dann servieren Sie zum Abschluß nur noch Ziegenkäse: Chabichou und Sainte-Maure mit roten Trauben und einem klaren Marc!

Grüne Sauce

Auf gut frankfurterisch heißt das natürlich „Grie Sooß" und ist ein Glaubensbekenntnis zur Hauptsache. Man überlegt nicht, ob man zu gekochtem Rindfleisch oder kaltem Braten, harten Eiern oder heißen Pellkartoffeln als Zutat Grüne Soße mag. Sondern man findet, selten genug, frisch die üppigen Kräuterbüschel, greift zu und besinnt sich dann, welche Beilage ihre Würzigkeit am schönsten bestätigt. Übrigens: Manche mischen zu den Glorreichen Sieben Kräutern auch Liebstöckel oder Zitronenmelisse – für meinen Geschmack wirken diese beiden zu dominant.

1 großer Busch frische Kräuter:

Petersilie, Schnittlauch, Dill, Borretsch, Kerbel, Estragon, Pimpernelle; auch Brunnenkresse oder zarte Spinatblättchen

4 hartgekochte Eier, 1 Täßchen Distelöl

1 Klacks milder Senf

1 Tasse Joghurt oder saure Sahne

frisch gemahlener weißer Pfeffer

Die schön gezupften Kräuterblättchen werden mit dem guten alten Wiegemesser geduldig gehäckselt zu grünem Mus und mit den feinen Schnittlauchröllchen vermengt.
In einer Glasschale zerdrücken Sie mehlig die abgekühlten Eidotter und rühren wie für eine Mayonnaise das Öl ein, dann den Senf und die Hälfte von Joghurt oder Sahne. Die Kräutermischung einziehen und kühl stellen, damit sich die aromatischen Säfte und Öle entfalten können.
Vor dem Auftragen würfeln Sie im Eierschneider die Eiweißhälften und mischen sie mit der Sahne und frisch gemahlenem weißen Pfeffer in die Grüne Sauce – Abschmecken macht Spaß.
Und diese Schale ist die Hauptsache! Ach ja, die Beilagen: Siehe oben.

◁ Gefüllter Kohlkopf, Fleisch- und Suppentopf: Spring

Piselli alla romana col prosciutto

Torschlußpanik. Was empfiehlt man zum Abschied, wenn fast alle 120 Rezepte schon genannt sind und ein Mehrfaches davon, ungenannt, noch im Kopfe steckt, auf der Zunge liegt? *Ein Topf mit Stil* – aber wie viele Töpfe und Stile gibt es? Darüber denke ich nach an einem freundlichen Juniabend, habe gerade die ersten frischen Erbschen auf dem Markt entdeckt und einen wunderbaren Schinken aus San Daniele nebenan „da Matilda" gekauft, speise aus freundlicher Schale einen zarten Imbiß mit dem wohlklingenden Namen *Piselli alla romana col prosciutto,* während die untergehende Sonne den feuchten Beschlag auf einer frischen Flasche *Tocai di Lison* überglänzt.

500 g junge Erbsen oder Zuckererbsen

150 g roher Schinken

1 Schalotte

2 Löffel Butter

1 Täßchen Hühnerbrühe

Der Speckrand vom Schinken und die Schalotte werden in kleine Würfel geschnitten und mit einem Löffel Butter angedünstet. Darin garen dann die kleinen Erbsen oder Schoten mit etwas Brühe, Pfeffer und Salz für zehn Minuten. Dann drehe ich die Hitze auf, füge Schinkenstreifchen mit dem zweiten Löffel Butter und den Brühenrest hinzu, nehme meinen Caquelon von der Herdplatte und zu Tisch, greife zu Gabel, Crostini und Wein, schaue strahlend der Sonne ins Auge und denk' so für mich hin.
Fehlt noch was?
Vielleicht ein paar Anregungen für kühlere Tage, an denen man sich mit Freunden um einen heißen Topf bei leiser Flamme versammelt und behaglich in den Abend hinein plaudert: Fondues.

Rund ums Feuer:

Fondues

Wenn von einem brodelnden Kessel und langen Winterabenden die Rede ist, darf die Fondue nicht fehlen. Daß auch geschmolzener Käse einen Teig ergibt, wird niemand bestreiten. Wie die italienische Polenta war die Schweizer Fondue ein (Berg-)Bauernessen, hat eine Verwandte im Aosta-Tal und sogar Bezug zur Polenta: Sie brauchen nur eine Handvoll gewürfelten Fontina-Käse unter den Maisbrei zu rühren!

Fondue Fribourgeoise

Natürlich wissen Sie, daß die Original-Fondue zu gleichen Teilen aus Emmentaler und Greyerzer Käse gerührt wird. Ebenso alt – 1448 im stolzen Städtchen Fribourg an der Saane bezeugt und da noch heute als Spezialität geehrt! – ist die Fondue mit *vacherin fribourgeois.* Das ist ein vollfetter Weißschimmelkäse, der dort pur geschmolzen und knoblauchduftend heiß zu Weißbrotwürfeln serviert wird. Oder gemischt mit dem benachbarten Greyerzer zu einer sahnig-würzigen Fondue. Wichtig ist, daß Sie ein Stück von dem großlaibigen Vacherin auftreiben, bei dem durch Abschälen der Schimmelrinde nicht zu viele Gewichtsanteile verloren gehen.

300 g Vacherin à fondue, 300 g Greyerzer

1 Knoblauchzehe

2 Glas Weißwein (Fendant)

1–2 Gläschen Kirschwasser

Weißer Pfeffer aus der Mühle

Baguette

Ein irdener Caquelon oder emailbeschichteter Fondue-Topf wird gründlich mit der Knoblauchzehe ausgerieben. Dann geben Sie ein Glas Wein hinein und lassen ihn auf der Platte sanft heiß werden. Unterdessen den Greyerzer Käse raspeln und dem Vacherin die weiße Rinde abschneiden, den Teig würfeln.
Langsam und abwechselnd mit einem Holzlöffel Raspel und Würfel in den heißen Wein einrühren, so daß eine glatte Crème entsteht. Mit einem Glas Kirsch und frisch gemahlenem Pfeffer würzen.
Den Caquelon stellen Sie auf einem Rechaud zu Tisch und regulieren die Flamme oder Wärme so, daß die Fondue heiß bleibt, aber keine Blasen wirft. Sie köchelt trotzdem ein, und darum müssen Sie gelegentlich noch Kirsch oder Wein eingeben.
Ihren Gästen übrigens auch, die mit Stangenbrotwürfeln auf der Gabel den Käseschmelz aus dem Topf wickeln und recht durstig werden.

◁ Shabu-Shabu, S. 150, Fondue: Spring

Fonduta

Wenn Sie die Piemonteser *fonduta* in einem halben Liter warmer Milch aufschmelzen, wird sie zu cremiger Suppe – Toast dazu genügt. Mit Wein – wie hier – ist sie eher Sauce, die man über Risotto oder Polenta-Schnitten gießt. Nehmen Sie aber mehr Käse und dicken mit einem Löffelchen in Wein gelöster Stärke ein, so ist es eine Fondue. Die Krönung sind jedenfalls feine Trüffelscheibchen. Über die Suppenschalen kann man auch Champignons hobeln.

500 g Fontina

4 Löffel Butter

4 Eigelb

1 Glas Weißwein

Weißer Peffer

1 Trüffel

Der Käse wird ohne Rinde geraspelt oder klein gewürfelt. Dann schäumen Sie in einem Caquelon die Butter auf und ziehen geduldig den Käse ein, der unter Rühren zur Crème wird.
Wenn Sie nun die Eidotter, mit einem Quirl aufgeschlagen, langsam einfließen lassen und vermengen, dickt sie zur Fondue und wird mit dem eingerührten Wein zur Fonduta. Mit frischem Pfeffer würzen. Und feine Trüffelscheiben über den Caquelon oder die Schalen hobeln.

Geflügel-Fondue

Der Name ist gestohlen, denn hier wird nichts geschmolzen *(fondre)*, sondern nur Zartes rasch gesotten, sommerlich und leicht. Wie bei der klassischen Fondue sitzt man um einen simmernden Topf, aus dem sich jeder sein Mahl nach Wahl bereitet.

300 g Hühnerbrust

300 g Putenbrust

300 g Schweinefilet

1,5 l Hühnerbrühe (Extrakt)

1 Petersilienwurzel mit Grün

Mayonnaise, Remoulade, Knoblauchsauce

In einem Fonduetopf kochen Sie die Brühe auf. Die Petersilie wird gewaschen; die Wurzel geschält und klein gewürfelt, zwei oder drei kräftige Stengel ebenfalls, das Blattgrün grob gewiegt und zur Brühe gegeben, die leise simmert.
Jetzt schneiden Sie die Fleischstücke in dünne Scheiben oder halbfingerdicke Streifen und füllen sie in getrennte Schalen.
Und dann
- steht inmitten des Tisches ein Rechaud, darauf die Petersil-Brühe;
- daneben die Fleischschalen, aus denen jeder seine Stückchen pickt und im „Fondue“ auf der Gabel gart,
- und die Schüsselchen mit fertigen Saucen, in denen man sie nach Gusto würzt.

Als Beilage zu empfehlen: Kleine herbe Blattsalate wie Rapunzel, Rucchetta, Kresse und Löwenzahn. Und frisches Baguette oder geröstete Knoblauchschnitten.

Shabu-Shabu oder Sham-Sham

Die *fondue bourgouignonne* kennt jeder. Ich sag's ein wenig despektierlich: Das sind edle Würfel vom Rindsfilet, die durch jähes Bruzzeln in siedendem Fett malträtiert werden. Und meistens wird am Fett gespart, was das Filet kostet; sonst ginge das ja noch.

Nehmen Sie das gleiche Fleisch. Benutzen Sie denselben Fonduetopf oder einen Wok. Garen Sie es auch bei Tisch, aber in Brühe und mit Gemüsen. Und Sie wissen, was Geschmack sein kann.

In China und Japan wird das so bereitet. Ich weiß nicht, ob der lautbildende Name vom zischenden Eintauchen der kalten Fleischscheiben in die brodelnde Brühe oder vom Nachschmecken beim Essen kommt. Mein Restaurant-Erlebnis in Kawasaki – die Stadt gibt es! – läßt beide Deutungen zu.

1 kg Rindsfilet
1/2 Packung Mu-Err-Pilze
1 zarter Chinakohl
1 Bund Frühlingszwiebeln
2 l Hühnerbrühe
Sesam-Sauce:
2 Löffel Sesamsamen
1 Ingwerwurzel
1 Löffel weißer Weinessig
4 Löffel dunkle Soya-Sauce
Soya-Dip:
4 Eidotter
4 Löffelchen helle Soya-Sauce

Das Rindsfilet lassen Sie zuerst einmal im Gefrierfach anfrosten.

Die Trockenpilze in warmem Wasser einweichen.

Währenddessen waschen Sie den Chinakohl, entfernen die welken Blätter und schneiden ihn quer zu reichlich fingerbreiten Streifen.

Frühlingszwiebeln waschen, Wurzel und Grün abschneiden, längs vierteln.

In Fonduetopf oder Wok die Sesamsamen hell anrösten. In einem Mörser mit gehacktem Ingwer zerstoßen und mit Essig und Soya zur Sauce rühren.

In vier Portionsschälchen rohe Eidotter mit je einem Löffelchen Soya verrühren.

Nun lassen Sie im Fonduetopf/Wok die Brühe heiß werden und fügen die abgetropften Pilze in groben Streifen bei.

Sie nehmen das angefrorene Filet aus dem Kühlschrank und schneiden es in sehr feine Scheiben (das geht auch mit der Brotschneidemaschine!) und dekorieren die Fleischscheiben mit Chinakohl und Frühlingszwiebeln auf eine große Platte.

Die wird zu Tisch gebracht, neben den simmernden Brühtopf auf dem Rechaud und eine Schale Sesamsauce gestellt. Eine Soya-Portion hat jeder und siedet und stippt nun seine eigenen Mundhappen. Sham-Sham oder guten Appetit.

Sie werden schmecken, daß auch für das alte Japan die Maxime Brillat-Savarins galt:

Jemanden einladen, heißt für sein Glück sorgen, solange er unter unserem Dache weilt.

Rezepte von A bis Z

Die *kursiv* gesetzten Ziffern weisen auf die Farbtafeln hin.

◁ Tian de courgettes, S. 142, Backform: Küchenprofi

F O T O K U N S T   K U L I N A R I S C H

BRAVO! SPAGHETTISSIMO!

Spaghettissimo **NEU**

Der Titel sagt es: Ein Superlativ und kein Kochbuch wie alle anderen. Alles dreht sich um dieses "lange, dünne, biegsame Ding, das die Zunge kitzelt und die Sinne animiert", wie Peter Ustinov sagt. Bruno Hausch hat ihn und 60 Persönlichkeiten in immer wieder neuer, überraschender Spaghetti-Zweisamkeit fotografiert. Alle verraten ihr Lieblingsrezept und beschreiben ihre höchstpersönliche Beziehung zu der sahnig-knackig-sinnlichen Köstlichkeit.

Bruno Hausch, Spaghettissimo
Text: M. von Perfall. Rezepte: C. Messer.
Portrait- und Koch-Kunstbuch mit rund 160 Seiten und 60 ganzseitigen Schwarz-Weiß-Portraits. Geschenkband im Schuber

Künstler und Kinder, Köche und Konsumenten, Stars und Sportler, Clowns und Unternehmer: alle lieben Spaghetti - aus den verschiedensten Gründen, aber immer ist Leidenschaft im Spiel. Die witzigen, poetischen, oder surrealen Portraits von Bruno Hausch zeigen, wie charaktervoll und vielsagend die Liebe zum Leibgericht sein kann.

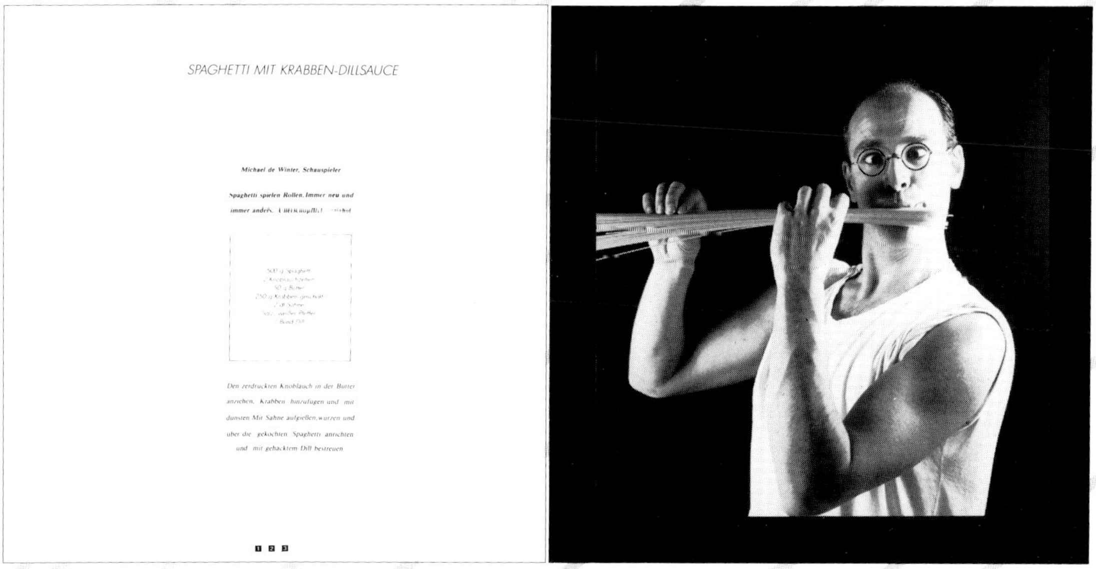

HÄDECKE

Exquisit und informativ:

Edle Bücher für Genießer

Ob Sie den Geheimnissen der Cognac-Macher auf die Spur kommen oder Genaues über die Dosage beim Champagner erfahren möchten; ob Sie sich über seltene Quellen für Single Malt Whiskies oder die Reisewege zu den Brennereien entlegener schottischer Glens informieren wollen – diese Getränkefachbücher geben auf prächtigste Art verläßliche Auskunft. Fach-Autoren wie Gert v. Paczensky oder Michael Jackson bürgen für beste Qualität, nennen Marken und Methoden, erklären alles über Herkunft, Pflege und Genuß der edlen Getränke.
Kulinarische Reise-Erinnerungen an die Toscana bietet der neu erweiterte Bildband von Bruno Hausch mit meisterhaften Rezept- und Landschaftsaufnahmen und einem Sonderkapitel von Wolfgang O. Steinhardt über empfehlenswerte Restaurants und Weingüter in der Toscana.

Cognac
von Gert v. Paczensky
Aktualisierte Neuauflage mit 3000 Cognacs und über 1000 Marken. Goldmedaille der Gastronomischen Akademie! 223 Seiten, über 150 Fotos, Leinen.

Champagner
von Gert v. Paczensky
Aktualisierte Neuauflage mit allen wichtigen Daten für über 1000 Champagner! 240 Seiten, rund 300 farbige Abbildungen, Leinen.

Whisky
von Michael Jackson
Deutsche Bearbeitung von Claus Arius. Alles über Scotch und Malt, Irish, Canadian und Tennessee Sour Mash. Fachbuch und Reiseführer. 262 Seiten, ca. 500 Fotos, Leinen.

Die Küche der Toscana
von B. Hausch/L. Reinirkens/ W. O. Steinhardt
Mit Sonderteil "Restaurants und Weingüter in der Toscana". 218 Seiten, ca. 100 Fotos, Geschenkband.

Kulinarische Bildbände für Kenner
Zum Schenken und Schenken lassen

Erhältlich im Buchhandel

HÄDECKE VERLAG · 7252 WEIL DER STADT

ISBN 3-7750-00196-4

© Walter Hädecke Verlag, D-7252 Weil der Stadt, 1989

Nachdruck, auch auszugsweise, nur mit Genehmigung des Verlages. Alle Rechte vorbehalten, insbesondere die der Übersetzung, der Übertragung durch Bild- oder Tonträger, des Vortrags und der fotomechanischen Wiedergabe. Auch Fotokopieren, insbesondere zur entgeltlichen Veräußerung an Dritte, ist nicht gestattet.

Schutzumschlagentwurf: Lothar Hebel, Heidelberg,
nach einem Foto von Edith Gerlach
Koch im Studio: Walter Fluck, Frankfurt
Satz: IBV Satz- und Datentechnik GmbH, Berlin
Druck: Mohndruck, Gütersloh, 1989. Printed in Germany